宝塚イズム

32

巻頭スペシャル特集

柚希礼音インタビュー

青弓社

小特集1

雪組『星逢一夜』が面白いワケ

小特集2

花組『ベルばら』台湾上陸！

公演評2015・5─11

装丁――和田悠里[スタジオ・ポット]

ON UKI

インタビュー

生まれ変わった柚希礼音の華麗な冒険
——はじめに　薮下哲司

二〇一五年五月十日、前代未聞の大フィーバーのなか退団していった元星組トップスター、柚希礼音。退団後、最初の仕事となったミュージカル『PRINCE OF BROADWAY』が、十月二十三日から東京・東急シアターオーブで開幕、宝塚時代のマニッシュな雰囲気を残しながらも、全く違った新たな魅力を発散、大好評のうちに引き続き十一月二十八日から大阪・梅田芸術劇場で上演中。柚希が、退団後最初の舞台に選んだ『PRINCE OF BROADWAY』は、『ウエスト・サイド・ストーリー』（一九五七年）や『屋根の上のヴァイオリン弾き』（一九六四年）、『オペラ座の怪人』（一九八六年）といったミュージカル史上に残る大ヒット作に携わったブロードウェイ・ミュージカル界の巨匠、演出家ハロルド・プリンスの最新作。彼の代表作の数々をちりばめた自伝的ミュージカルだ。ブロードウェイ初演前のトライアウト（試演）となる公演で、柚希は、名だたるブロードウェイの現役ダンサーや歌手

RE YUZ

巻頭スペシャル特集

柚希礼音

に交じって、ブロードウェイに憧れる少女レオン役で登場、全体の導入部分での案内役を務め、持ち前の身体能力をフルに発揮、宝塚時代からさらに進化した目の覚めるような鮮やかなダンスを披露してファンを狂喜させた。もともとクラシックバレエでの頂点を目指していたが、宝塚に出合い、音楽学校を受験。優秀な成績で卒業、歌劇団入団十一年目で星組トップに就任、百周年の顔として大活躍したことは周知のとおり。そんな彼女の宝塚以後の第一歩となった『PRINCE OF BROADWAY』は、まさに新しい柚希礼音の誕生となった。ブロードウェイ第一線のスターたちとレッスンに明け暮れた三カ月のニューヨーク生活は柚希を生まれ変わらせるに十分の大きな刺激を与えたようだ。この作品が将来ブロードウェイで上演されることになったときに、柚希がそのまま同じ役で出演するとは決まっていないが、実現もあながち夢でもなさそうだ。これからの活躍にますます期待が高まるが、まずは柚希本人に退団後の近況や今後の抱負をインタビュー、そして当の話題作『PRINCE OF BROADWAY』公演評、加えて柚希の今後の活躍への期待と、再び巻き起こった柚希旋風のまっただなか、これからの柚希を大解剖しよう。

REON YUZUKI

インタビュー

守りに入らず挑戦していきたい

注目の退団後初仕事『PRINCE OF BROADWAY』開幕を前にした柚希礼音に、宝塚退団後のこと、初仕事への思い、今後の方向性などを聞いた。

撮影：花井智子

――退団後の初仕事、すごいことになりましたね。

そうなんです。自分でもびっくりしています。ブロードウェイで活躍されている人たちと同じ舞台に立てるということだけでも興奮しています。

――第一作を『PRINCE OF BROADWAY』にしようと決められたのは？

ずいぶん悩みました。自分が真ん中に立ってやるミュージカルやコンサートのほうがファンの方に喜んでもらえるかなあとも思ったのですが、ブロードウェイの第一線の方たちとご一緒できる機会なんてそうめったにないし、守りに入った柚希礼音ではなく、新たなものに挑戦することに共感してもらえれば、ファンの方にも喜んでいただけるのではないかと思って決めました。誰にも言えず、ひたすら一人で考えました（笑）。渡辺謙さんのブロードウェイ挑戦のドキュメンタリー（『プロフェッショナル、仕事の流儀』ＮＨＫ、二〇一五年五月二十五日放送）を拝見して、私の選択は間違ってなかったと勇気をいただきました。

――渡辺謙さんからはどんな勇気をもらったのですか？

渡辺謙さんは日本を代表する俳優でありながら、これまで自分が作り上げてきたものすべてを壊してもいいからやるんだという思いで『王様と私』（二〇一五年）に挑戦された。レベルは違いますが、私も宝塚で作り上げた立場を守るのではなく、挑戦しがいのあるものなら何を言われても向かっていく、守りに入ったら新しいことは何も生まれない、渡辺謙さんの姿を見て、本当にそうだと感じ、私も頑張ろうと思いました。

――いつごろこのお話をお聞きになりましたか？

昨年、武道館コンサートが終わったあとお休みがあり、ニューヨークに行ったのですが、そのとき、ハロルド・プリンスさんとお会いする機会がありました。突然、歌ってくれないかと言われて、ほとんど即興で一曲ご披露しました。あまりうまく歌えたとは思えなかったのですが、女性の低い声は貴重だよと、すごく気に入ってくださいました。この作品の話もうかがいましたが、そのときはまだ夢のような話で実現するとは思ってもいませんでした。

――『PRINCE OF BROADWAY』はプリンスさんの自伝的要素の強い作品ですが、そのなかで柚希さんはかなり大きなウエートを占めていますね。

最初は、ブロードウェイのすごい人たちに交じって一、二曲歌うくらいかなと思っていたのですが、よくよくお話をうかがってびっくりしました。せっかくレオンが出るんだからとわざわざ日本語で歌う曲まで用意していただきました。『オペラ座の怪人』（一九八六年）の演出家の方に、そう言っていただけるなんて本当に光栄です。きさくでとても優しい方です。言葉の壁を超えて心で伝えられるように大切に歌いたいです。

——共同演出そして振付のスーザン・ストローマンさん（『クレイジー・フォー・ユー』〈一九九二年〉、『プロデューサーズ』〈一九九九年〉などの演出、振付を担当）も柚希さんのダンスをすごくほめておられて、新しく振り付けることを大変楽しみにしておられたようでしたが、すばらしいシーンになったみたいですね。

現役中のダンスシーンの映像をたくさん見てくださっていて、稽古に入る前から私のレベルを熟知してくださっていました。出演者

はどちらかというと歌手の方が多いので、プロローグから「ブロードウェイに憧れるレオン」という設定でけっこう踊ります。宝塚の男役のダンスは女性であることを感じさせないようにするために一定の制限があるんです。でも今回は女性のダンスなので思い切り自然に踊れるのがうれしいです。それをストローマンさんに振り付けてもらえたなんてすごいことですね。ストローマンさんに直接振りをいただくなんて、ブロードウェイにいても難しいことなので、本当に光栄です。高校生のときアメリカンバレエシアターを受けたいと思って願書まで取り寄せました。そのときは家族が、やっぱり海外は心配だから国内でと言っていたときに、宝塚との出合いがあって、受験することになりました。でも一度は海外でという思いはまだあったので、退団後、海外で勉強したいという気持ちもあったんです。そんなときにこのお話をいただいて、宝塚にいたからこの話もいただけたわけで、まじめにきちんとしていたら道は開けるんだなあって改めて思いました。

——七月から三カ月間、単身ニューヨークで生活、語学学校に通い、厳しいレッスンに励んだそうですが、不安はなかったですか？

　先輩の湖月わたるさんから、稽古着や靴などレッスンのことから、スーパーマーケットの場所までいろいろアドバイスをしていただきました。宝塚時代は、何から何までお世話になりっぱなしでしたが、自炊とか買い物とか普通の女の子に戻るいい機会をいただきました。

——ニューヨークの印象は？

　夢をもった人がいっぱい集まっていて、みなさん歩くのも早く、私みたいなゆっくりしたい人は行けない場所ですね（笑）。目標がない人は疲れちゃうかも。今回はそんなことを言っていられないので思い切り早足で歩くようにここ

REON YUZUKI

インタビュー

撮影：花井智子

ろがけました（笑）。

――退団後、生活は変わりましたか？

退団後、すぐにこのお話が決まり、ほかにやらないといけないことや、ニューヨークに行く準備もあったりしてずっとバタバタです。一日二十四時間が短いです。在団中は、いつ食事ができるかわからないので朝ごはんをしっかり食べるようにしていたのですが、ランチをとる余裕はできたので、朝ごはんは軽くていいということがわかったのが発見でした。

――退団後、宙組の『王家に捧ぐ歌』を観劇したそうですね。

私たち星組がやったのは十二年も前なのに、細かいところまで全部覚えていて、感動しました。ファンの方たちも温かく迎えてくださって、宝塚って本当にすばらしいところだと再確認しました。一幕の終わりにスローモーションの群舞があって私たちがこだわったところだったので、休憩時間に宙組のメンバーについアドバイスをしてしまいました（笑）。

――その後、体調に変化はありませんか？

いまは絶好調ですが、退団した直後、しっかり風邪をひいてしまいました。在団中はなかったことです。あと、重い羽根を背負っていたからか背筋が発達しすぎていて腹筋とのバランスが悪いことがわかりました。腹筋を鍛えないと（笑）。

――さて『PRINCE OF BROADWAY』に続く次なる展開は？

在団中も、常にいまやることをこなすのが精いっぱいで、先のことは何も考えないタイプでした。目の前の大きな壁を一つひとつクリアしていくことで、先に見えてくるものがあるという感じでした。苦労したあとに見えるもののすばらしさも体験しているので、これからも目の前の巨大な壁に全力でぶつかっていくことで何かを得られたらと思って進んでいきたいです。限界を決めずに、挑戦できることは、舞台以外でもやってみようと思います。

――ダンスはこれからも中心軸にしていきますか？

もともとバレエダンサーになりたかったくらいですから、ダンスは永遠に切り離せないと思います。

――これからも頑張ってください。

ありがとうございます。一生懸命頑張りますのでよろしくお願いいたします。

（聞き手・薮下哲司）

REON YUZUKI
論考

際立ったしなやかさと躍動感をこれからも！

永岡俊哉

柚希礼音、それは放送局の大阪支社長だった私に宝塚のすばらしさを教え、結果的に大阪の大学教員への転職をさせた人。そして、彼女のパフォーマンスなしにこの六年の星組の人気、チケットの売れ行きはありえなかったといって過言ではない。その彼女が退団して新しい道を歩み始めたのだが、いままでの退団者とはどうも方向性が違う。もちろん、さらに芸能の道を突き詰めるのはほかの退団者と変わらないのだが、よくいわれる「女性に戻る」とか、「女優として新天地を切り開く」といったものではないようなのだ。退団前に元星組組長で専科の英真なおきがＣＳ放送のインタビューで「いままでのどの退団者とも違う、退団者初となる男役柚希礼音のままいってほしい」というようなことを述べていたが、あくまでも柚希らしい道を歩むらしい。ただ、男役のままいくというのでもなさそうだ。例えば、紫苑ゆうは退団後も男役としての姿形を崩さずいつでもトップを張れそうな雰囲気を保ち、音楽学校でタカラジェンヌ育成をしているのだが、柚希の場合は男役の形にこだわっているようには見えない。もちろん、スカートを履いた姿はまだ見せていないが、柚希のなかにある男役として花開いた彼女の資質を生かしながら、彼女自身が当然持ち合わせている女性としてのニュアンスをうまく取り入れていくのだろう。となると、男役としてトップレベルだった彼女の魅力にさらにプラスアルファの何かが加わることが期待できそうだ。

私が彼女を初めて観たのは二〇

一〇年一月の『ハプスブルクの宝剣——魂に宿る光』『BOLERO』（星組、二〇一〇年）という大劇場公演。しかも職域行事での観劇だったため、半ば無理やり見せられた初宝塚だった。実は親戚に宝塚の大ファンがいたにもかかわらず、全く関心がないばかりか、むしろ女性だけで仮装をして「好きだよ！　私もよ！」などとやっていて気持ち悪いという偏見をもっていたぐらいだ。ところが、実際に観てみると男役の立ち居振る舞いや動きがとてもかっこよくて全く違和感がなかったし、特にショーの豪華さに引き込まれた。そしてライブの舞台としても、演者と劇場の二千五百人の観客が一体となっていたことに興奮と驚きを覚え、こんな世界があるのかと三時間後には興味津々になっていたのだ。開演前には「こんなものに千円も出す人の気が知れない！」と完全にスルーしていた公演プログラムを終演後にあわてて買ったぐらいだ。そして、その舞台の真ん中にいたのが柚希と夢咲ねねだった。男性ゆえに夢咲の美しさやスタイルのよさ、そして多くの娘役のかわいさや歌声の美しさに心引かれていたのは確かだが、男役ではなぜか柚希とその公演で退団した彩海早矢の二人だけは気になる存在として記憶していたのだ。柚希にはしなやかで動きのいい人だという印象をもち、彩海からは大きさというかダイナミックさを感じた。また、柚希の大阪出身という親しみやすさも私の心をほぐしたのかもしれない。私はもともと、ディズニーランド、そのなかでも特にパレードが大好きだったのだが、夢の国ディズニーの世界に通じるものを宝塚から感じたのではないかと自己分析している。とにかく、いやいやながらの初観劇から数日後には、また観たいという思いを募らせて次の大劇場公演である雪組のチケットを買っていたし、返す刀で文化祭のチケットも入手していたのだから、人間はわからないものだ。そして、その中心に柚希がいたことは確かで、もし初観劇が柚希のいた星組でなかったら、そこまで食いついていなかったかもしれない。

　さて、柚希の魅力を考えたとき、歌だけならほかにもっとうまい人がいただろうし、芝居にしてもしかりである。やはり、彼女の魅力は類いまれなるダンスの能力を軸とした動きにあり、そのしなやかさや躍動感はこの五、六年間ではナンバーワンだと思う。だから、彼女が出演する舞台は人を引き付けてやまなかったし、チケットが売れるトップだったのだ。そして、その際立った躍動感はコンサート『REON!!』（星組、二〇一二年）や武道館ライブという形で具現化されたし、第一回台湾公演があれだけ台湾に受け入れられ成功したのも柚希率いるカンパニーがもつライブ感あってこそだった。『ノバ・ボサ・ノバ』の再演（星組、二〇一一年）が大成功したのも同じ理由だといっていいだろう。

では、今後の柚希に何を期待するかだが、まずは出演が決まっているミュージカル『PRINCE OF BROADWAY』を楽しみに待とう。そして、宝塚の演目も観たい気がする。ただ、これに関しては懐古的におこなうのではなく、新たな可能性を探るべく、OG公演を現役生と一緒にやってほしい。例えば『ノバ・ボサ・ノバ』や『エリザベート』（一九九六年初演）を。なんらかの形でコンサートも続けてほしい。夢咲とのデュエットダンスもまた観たい気もする。あと、宝塚時代は男性とのコンサートはできなかったが、男性ゲストを迎えてのライブなども面白いのではないだろうか。

もちろん、柚希にずっと男役でやってほしいというのではない。しかし、いきなり女性でというのには違和感を覚えるし、とにかくいままでにない柚希礼音という新ジャンルの舞台人として新たな挑戦もしてほしい。あと、柚希は十月二十日にエッセイ『夢をかなえるために、私がやってきた五つのこと』（KADOKAWA）を出版した（この原稿を執筆しているときはまだ出版前なので読んでいない）が、この書籍にもそのヒントは書いてあると思うので、そちらも読んでみたい。基本的に退団した生徒には執着しないというか、むしろあまり興味をもたない私なのだが、宝塚百年の歴史に燦然と輝く柚希礼音という人の行く末には大いに期待をし、また、その可能性を無限に広げていってほしいと願っている。

REON YUZUKI レポート

スペシャルなチャンスをつかみ、柚希礼音始動!『PRINCE OF BROADWAY』

鶴岡英理子

宝塚歌劇在団中、数々の記録を打ち立てながら宝塚百周年を牽引し、LEGENDとまで呼ばれた元星組トップスター柚希礼音が、退団後の初舞台を飾った。

その栄えあるステージは『PRINCE OF BROADWAY』。『ウエスト・サイド・ストーリー』(一九五七年)、『屋根の上のバイオリン弾き』(一九六四年)、『キャバレー』(一九六六年)、『エビータ』(一九七八年)、『オペラ座の怪人』(一九八六年)、『蜘蛛女のキス』(一九九一年)など、数限りない大ヒット作品を生み出し、ブロードウェイで六十年以上のキャリアを築いてきた演出家、ハロルド・プリンスの人生を、その輝ける作品群の名曲を網羅してつづる世界初演の新作ミュージカル・ショーだ。

スタッフには共同演出と振り付けを担うスーザン・ストローマンをはじめとした、ブロードウェイ最高のクリエイティブチームがそろい、さらに出演者には日本でも人気の高いラミン・カリムルー、ブロードウェイの『オペラ座の怪人』でヒロイン・クリスティーヌを演じた新星ケイリー・アン・ヴォーヒーズ、この公演のリハーサルの一週間前まで『オン・ザ・タウン』の舞台で主演を務めていたトニー・ヤズベックをはじめ、ブロードウェイの最前線で活躍する実力派スターが集結。そのなかで柚希はただ一人の日本人キャストとして（物語をナビゲートするハロルドの声役で市村正親が声のみの出演）舞台に立ったのである。

　これがどんなに大きな挑戦だったかはいうまでもない。柚希クラスのスターであれば、退団後の初舞台として、自身が主役のミュージカルでも、大がかりなコンサートでも、自由に選択することができたはずだ（インタビューでも、そうしたオファーがあったことを自ら語っている）。だが、あえて彼女はより困難な道を選んだ。ブロードウェイという世界一のショービジネス界で、しのぎを削ってきたスターたちと同じ舞台に立つ。はじめの一歩としてこれほど大きな挑戦はない。だが一方でこれが、誰にでも道の開かれる挑戦ではないこともまた事実だろう。柚希は彼女にだからこそ目の前に現れたその「チャンス」に賭けたのだ。

　しかも大変面白かったのは、できあがった舞台が何よりもその「チャンス」をテーマにしていたことだった。ハロルドは自らのキャリアが構築されていった大きな要因として、才能よりもむしろ「チャンス」を挙げている。どんなに力があってもチャンスがなければ、世に出ることはできない。それを、むしろ謙虚に真摯に語っている。日本には「運も実力のうち」というよく知られた言葉があるが、いわばこれは「運は実力のうち」ということで、その運を、チャンスを手にした柚希は、新たな舞台で果敢なチャレンジを見せた。

冒頭十人の出演者一同のセンターに現れた柚希は黒のパンツスーツ姿。男役の香りを色濃く残しながら、『フローラ、赤の脅威』（一九六五年）から「オール・アイ・ニード・イズ・ワン・グッド・ブレイク」をコーラス。「ただ一度のブレイクがあれば」と願う曲が全体のテーマにふさわしく、センターに立つ柚希が晴れやかだ。

　続いてのシーンは『くたばれ！ヤンキース』（一九五五年）のローラ役。ハスキーな英語で歌いながら、トニー・ヤズベックを誘惑していく。当初、『太平洋序曲』（一九七六年）の水兵役が予定されているとのことだったが、ハロルドのインスピレーションでこの役が決まったそうで、ユニフォーム姿から黒の下着風衣装に転じる場面は、柚希が外部に出たことを強烈に印象づける場面ともなった。ダンスもボディーもダイナマイトで、

REON YUZUKI レポート

迫力にあふれる。

一転して『フォーリーズ』（一九七二年）では、宝塚ばりの華麗な衣装のショーガールで脚線美を披露しながら優雅に階段降り。ほかのキャストに比べて格段にこの階段降りの姿が板についているのは、さすがに培ってきた経験のたまものだろう。

また、たった十人で作り上げるミュージカル・ショーとあって、全員がメインシーンだけでなく、アンサンブルもこなすのがこの作品のぜいたくさ。柚希も『屋根の上のバイオリン弾き』ではユダヤ人の娘になって踊りながら通過したり、『エビータ』をたたえる群衆のなかに交じって立っていたりするのが、実に新鮮だった。アンサンブルの柚希を観るのはいったいいつ以来だろうか。特に『キャバレー』のピアノ弾きでは、ピアノのマイムが音楽とピタリと合って本格的。相当の稽古を積んだことがうかがえた。

そして、柚希のために用意された「タイムズ・スクエア・バレエ」の一連のシーンが圧巻。さまざまなナンバーをアレンジしながら、ブロードウェイでの成功を夢見る若いダンサー・柚希が、プロデューサーのトニー・ヤズベックに見いだされてスターになるまでを描いたダンスシーンだ。持ち前のダンス力がいかんなく生かされ、多彩なリフトもあり、つい五月まで持ち上げてクルクルと回す側だった柚希が、持ち上げられて回っている感慨もひとしお。今回のカンパニーは歌手の多い陣容で、有名ミュージカルナンバーの圧倒的な歌声が支配する舞台だけに、このダンスシーンの軽やかさはいいアクセントになっていた。

さらに『蜘蛛女のキス』の同名曲をオーロラに扮して柚希が歌う。ここだけは日本語歌詞での披露で、銀に輝く蜘蛛の巣を背負った衣装が、宝塚のショー的な雰囲気も醸し出し、ファンへのスペシャルプレゼントといった趣。男役時代とほぼ変わらない音域なこともあり、柚希の低音ボイスが魅力的で、このオーロラ役にはいずれ全幕で挑戦してほしいと思わされた。

ラストは、さすがに巨匠ハロルド・プリンスらしく、最高の舞台は「次の一作」という思いが込められた新曲「ウェイト・ティル・ユー・シー・ワッツ・ネクスト」を全員で。ハロルドの輝ける作品群の有名メロディーを、あっと驚くほど巧みにアレンジしたオーバーチュアが鮮烈だったジェイソン・ロバート・ブラウンによるこの新曲は、すべての出演者、さらにこれが退団後初舞台の柚希にとってまことにふさわしく、その希望に満ちた明日「次の一作」に大きな期待がふくらむ幕切れとなった。

全体に、はやりのミュージカル・ガラ・コンサートとは一線を画した、本格的な芝居、歌、ダンス、セット、衣装による有名ミュージカルシーンが詰まったミュージカル・ショーに仕上がっていて、ミュージカルファン必見の舞台になっていた。ハロルドの足跡をたどると、これだけ華やかなショーができあがるというのが驚異だし、柚希がそんなステージの栄えある十人の構成メンバーの一人となったことには、誇らしい思いも抱く。この「チャンス」をファーストステップとして、柚希礼音が歩きだす新たなステージに、注目していきたい。

特集

マンガと宝塚の幸福な出合い

『ベルばら』から『るろ剣』へ

マンガと宝塚の親密な関係

薮下哲司

はじめに

百周年を盛況のうちに終えた宝塚歌劇は、百一年目の二〇一五年最初の演目にモンキー・パンチ原作の少年をターゲットにしたヒットアニメ『ルパン三世』を取り上げ、予想をはるかに上回る大ヒットを飛ばした。主人公が怪盗ルパンの子孫という設定は、なんとなく宝塚的ではあったが、あの特異なキャラクターたちを女性だけの宝塚でどう再現できるか、なかなかハードルは高かったのではないかと思う。しかし、ルパン三世の早霧せいな、銭形警部の夢乃聖夏らが原作から抜け出たような究極の役作りで登場。小柳奈穂子の脚本が、彼らをフランス革命当時にタイムスリップさせてマリー・アントワネットの首飾り事件に絡ませるという絶妙の設定で、宝塚ならではの『ルパン三世』を作り上げた。しかも、マリー・アントワネットが宮殿を抜け出してルパン三世とパリの街をお忍びでデートするという『ローマの休日』（監督：ウィリアム・ワイラー、一九五三年）もどきの場面を創作、それがそこはかとないペーソスを生み出し、作品的にもクオリティーが高かった。これは原作ファンにも好感をもって迎えられ、宝塚

での評判が口コミで伝わり、東京公演は近来にないチケット難になったという。

なんとなく四十年前の『ベルサイユのばら』初演当時の熱気を思い出させる出来事だ。宝塚が初めてマンガを原作に取り上げた『ベルサイユのばら』は一九七四年、宝塚六十周年の年に『虞美人』の再演（星組、花組）、ブロードウェイ・ミュージカル『ブリガドーン』初演（星組）などとともにラインアップされた。池田理代子の原作は当時大ブームになっていたため宝塚での舞台化は大きな話題になっていたが、少女マンガを取り上げるのは初めてということもあって宝塚ファンからは『ルパン三世』同様、好奇の目で見られていた。まだまだマンガ自体にいまほど市民権がなかったころである。マンガといわず劇画と表現していたことでもよくわかる。ところが、開幕したとたん原作ファンはおろか宝塚ファンをも巻き込んでの異常な人気となり、再演に次ぐ再演でいまにいたっている。その原因はいったい何なのか。マンガと宝塚には共通した魅力があるのだろうか、それを解き明かそうというのが今回の特集だ。

それはさておき『ベルばら』以来、宝塚ではマンガを原作にした作品を数多く上演している。なかでも木原敏江の人気が高く『アンジェリク』（月組、一九八〇年）、『大江山花伝』（一九八六年初演）、『紫子《ゆかりこ》』（一九八七年初演）と三本が舞台化され、『大江山花伝』と『紫子』は再演もされている。最近では村上もとかの『JIN――仁』（雪組、二〇一二年）のヒットが記憶に新しい。

しかし『ルパン三世』の勢いは、ちょっと違うような気がしている。本来なら、ここですぐにでもほかの組で続演するか、パート2制作を決めてシリーズ化するぐらいの勢いがあってもいいと思うのだが、そうはならないのがいまの宝塚。そのかわりに二〇一六年前半の目玉として和月伸宏原作の『るろうに剣心――明治剣客浪漫譚』の舞台化を、エース小池修一郎の脚本・演出、『ルパン三世』と同じ早霧せいな率いる雪組で上演することを決めた。全二百五十五話という膨大なシリーズで、すでにアニメ化、実写映画化もされていて、宝塚での舞台化が待望されていた。『ルパン三世』大成功の波に乗って新作への挑戦。それはそれで、一つの前向きな姿勢として高く評価したい。マンガと宝塚の関係はこれでさらに密接になったといえるのではないだろうか。

マンガと宝塚といえば切っても切れないのが手塚

治虫。少年時代、宝塚大劇場近くに住んでいたこともあって大の宝塚ファンだった手塚は、ファンがこうじて大学時代には雑誌「歌劇」にマンガ入りのインタビューを連載するほどだった。華やかな宝塚レビューの世界が、後年の彼のマンガの構図にも大きな影響を与えているといわれ、何より宝塚へのオマージュとして描き上げた『リボンの騎士』がそれを証明している。そして、少女時代の池田理代子が『リボンの騎士』を読んでマンガ家を目指し、その彼女が描いた『ベルサイユのばら』が、宝塚で舞台化されて大ヒットする。『ベルばら』のルーツは手塚治虫だったのである。まさに「因果は巡る」である。その手塚の作品では『ブラック・ジャック』と『火の鳥』が宝塚で舞台化され、『ブラック・ジャック　危険な賭け』(花組、一九九四年)は安寿ミラの代表作の一つとなった。

　手塚治虫から始まったマンガと宝塚の関係は『ベルサイユのばら』に結実し、『ルパン三世』へと発展、そして次なる展開は『るろうに剣心』へ。マンガと宝塚の関係は新たな世界にさしかかろうとしているのではないだろうか。そこで『るろうに剣心』の成果に期待を込めて、改めてマンガと宝塚の親密な関係を、『宝塚イズム』執筆者とともに考えてみた。

省略と誇張と……宝塚とマンガの親和力

八本正幸

宝塚歌劇とマンガの親和力について考えたとき、真っ先に頭に浮かぶのが手塚治虫の名前である。

改めて述べるまでもなく、手塚治虫は、わが国を代表するマンガ家の一人であり、戦後のストーリーマンガにさまざまな革新をもたらし、後輩を育成し、いまや世界の共通語となりつつあるmangaの基礎を築いた作家である。

その手塚治虫が、兵庫県宝塚市の出身であり、幼少時、「少女歌劇」と呼称されていた時代から宝塚歌劇に親しみ、その影響を本人も認めていることは、これもまた有名な話。

多くの人が具体的な作品として『リボンの騎士』（最初の連載は一九五三年から五六年）を脳裏に浮かべるだろう。

「「リボンの騎士」は、ぼくの宝塚体験の総決算で生まれた作品である。「ベルサイユのばら」その他の少女漫画が「リボンの騎士」からはじまったことを思うと、少女漫画のルーツに間違いなく宝塚が存在するのである」（手塚治虫「私の宝塚」『手塚治虫大全』第一巻、マガジンハウス、一九九二年）と、作者自身が断言しているくらいだ。

宝塚歌劇で舞台化され、歴史的な大ヒットとなった池田理代子『ベルサイユのばら』（一九七二―七三年）が『リボンの騎士』の影響下にあるのは自他ともに認めていたことだろうが、「その他の少女漫画」までもが「「リボンの騎士」からはじまった」とするのは、いくらなんでも言い過ぎという気がしないでもない。それくらい、手塚治虫の自負心が強かったと受け止めておこう。

『ベルサイユのばら』は、『リボンの騎士』で開拓された、女の子が男の子の扮装をして活躍する物語を、フランス革命という歴史的な出来事を背景に描くことによって、叙事詩的な作品としても読み応えがあるものになり、大成功したわけだが、そもそも『リボンの騎士』が宝塚歌劇の影響のもとに描かれていたことを考え合わせると、それが宝塚で舞台化されることは、先祖返りというか、二回転くらいして元の鞘に戻ったような印象がある。

『リボンの騎士』から『ベルサイユのばら』にいた

る少女マンガの歴史のなかで、手塚治虫がまいたストーリーマンガという種は、多彩な登場人物を配した大河ロマンへと発展し、同時代のマンガ家、萩尾望都、竹宮惠子、山岸凉子、美内すずえらによって、深化し拡大していった。そしてそれは、原点である宝塚歌劇にも確実に影響を与えたのである。例えば、小池修一郎は萩尾望都『ポーの一族』（一九七二―七六年）の影響のもとに、デビュー第二作で吸血鬼物の『蒼いくちづけ』（一九八七年初演）を作・演出し、「私を宝塚歌劇団に送り込んだのは萩尾望都である」（小池修一郎「バンパネラの封印」、萩尾望都『ポーの一族』第一巻〔小学館文庫〕所収、小学館、一九九八年）と公言しているほどだ。

いささか乱暴な言い方かもしれないが、手塚治虫によって開拓された少女マンガ、ストーリーマンガそのものが、多少なりとも宝塚歌劇の影響下にあったとすれば、後継者たちによる作品群もまた、その潮流のなかにあるわけで、現在広く流布する日本のマンガのルーツの一つが宝塚歌劇だといっても過言ではないと思うのである。

しかし、双方の親和力には、もっと深い部分での結び付きがあるように思われる。

手塚治虫は「省略」「誇張」「変形」を「漫画の、すべての要素なのだ！」（手塚治虫『マンガの描き方――似顔絵から長編まで』〔カッパ・ホームス〕、光文社、一九七七年）と述べている。マンガの絵は、省略し、誇張し、変形させることによって、わかりやすく、面白く、そして場合によっては多層的な寓意を込めることができる。それによって写実的な絵画とは違った、複雑な意味性や物語性を獲得することが可能になるのである。

「省略」は、対象をすっきりと見せることによって、その本質を見えやすくするだろう。「誇張」は、対象の特徴を抽出して、より強い印象を与えることができるだろう。そして「変形」によって対象のイメージを飛躍させ、見る者の想像力を刺激するのだ。

この基本要素は、宝塚歌劇の作劇法にも共通するように思われる。

女性だけで演じられる宝塚歌劇で、特に男性キャラクターをドラマのなかで無理なく成立させ、魅力的に見せるためには、リアルな男性像を模倣するのではなく、そのなかから印象的な「男性的なるもの」を抽出し、再構築する必要がある。そこで大切になるのが「省略」と「誇張」ということになる。

例えば男性の観客が観たとき、「あんな男は現実にはいない」と思いながら、いつしかそれを受け入れ、そこに魅力さえ感じてしまうことがあるが、それはきっと、リアルな男ではなく、抽象化されイデア化された男性的なるものに感応するからだろう。

ここに、さらに「変形」として、キャラクター性の加速（男装の麗人であるとか、吸血鬼であるとか）がおこなわれるなら、そこには舞台の上だけに存在する、まるで見果てぬ夢のような最強で魅力的なキャラクターが登場することになるのだ、と。

いまや死語と化した感のある「ダンディズム」とか「益荒男ぶり」といった言葉を、説得力ある人物像として描くことができるのは、アニメを含むマンガと宝塚歌劇くらいのものかもしれない。

双方に親和力があるのは、もともとの立脚点に共通性があるからなのではないか？と愚考する次第である。

メディアミックスの先駆け

木谷富士子

マンガと宝塚の歴史は『ベルサイユのばら』（一九七四年初演）に始まる。その後もマンガ原作の作品はポツポツと続いていたが、いままたメディアミックスという名のもとにマンガ原作物が相次いでいる。

一九七四年に月組によって初演された昭和『ベルばら』は各組がバージョンを変えて競演し、実質七六年まで続いた。次なるマンガ原作物は、その四年後の『アンジェリク』（月組、一九八〇年）と続篇『青き薔薇の軍神《マルス》』（雪組、一九八〇年）だった。十七世紀のフランスが舞台で、原作マンガは二十巻以上にも及ぶアン・ゴロンの小説の途中までを木原敏江がマンガ化したもの。『青き薔薇の軍神』は麻実れいと遥くららのお披露目公演で、コスチュームに身を包んだ長身の二人がひたすら美しかったことを覚えている。しかし『ベルばら』に次ぐようなヒット作にはなれず、次に舞台化されたのが池田理代子の大作『オルフェウスの窓』（星組、一九八三年）。これこそポスト『ベルばら』を狙えるのではと思ったが、「イザーク編」一作でその後再演も続篇もない。確かにユリウスの記憶喪失や姉妹の確執など宝塚的では扱いにくい暗い部分も多いが、もう一度主人公を変えて演出したものも観てみたい。その後『アンジエリク』に続いて、『大江山花伝』（雪組、一九八六年）、『紫子《ゆかりこ》』（星組、一九八七年）と木原敏江の日本物が二本続けて上演されたが、『紫子』は峰さを理の希望で舞台化が決まったらしく、当時の作品選びは案外それほどの緻密な計画性はなかったのかもと思う。

　マンガ原作の作品は版権などの問題はあるだろうが、一般的には劇画ファンの取り込みや宣伝効果など観客を呼び込むのには効果的だ。しかし『はばたけ　黄金の翼よ』（雪組、一九八五年）は麻実の退団公演で相手役のクラリーチェを当時研三の一路真輝が演じたのが話題だったが、粕谷紀子の原作マンガ『風のゆくえ』はそれほど知られたマンガではなく、集客というよりもたまたまマンガに題材を求めたというものだった。

　一九九〇年代は『ブラック・ジャック　危険な賭け』（花組、一九九四年）と『虹のナターシャ』（雪組、一九九六年）の二作だけ。それも『虹のナターシャ』は林真理子の原作を大和和紀がマンガ化したものだが、舞台化とマンガ化の時期が並行していて、マンガの舞台化というよりもマンガとのタイアップといった形か。しかし初めての『ベルばら』の再演（平成『ベルばら』（一九八九―九一年）があり、『エリザベート』の初演（雪組、一九九六年）、宙組発足（一九九八年）、TAKARAZUKA1000days劇場開設（一九九八年）などそれ以外での話題が何かと多い時期だった。二〇〇〇年に入るともう少し増えてきて、『源氏物語　あさきゆめみし』（花組、二〇〇〇年）、『猛《たけ》き黄金の国』（雪組、二〇〇一年）、バウでの『アメリカン・パイ』（雪組、二〇〇三年）、『エル・アルコン――鷹』（星組、二〇〇七年）が上演された。『あさきゆめみし』は言わずと知れた『源氏物語』をマンガ化したもので、宝塚で繰り返し上演されている『源氏物語』の一つととらえてもいいだろう。『エル・アルコン』は安蘭けいのお披露目公演で、宝塚では珍しいダークヒーローが安蘭のもつ陰とマッチして、ダイナミックなテーマソングとともに感動的な舞台となった。

　それが二〇一〇年代に入ると、『メイちゃんの執事――私《わたくし》の命に代えてお守りします』（星組、二〇一一年）、『JIN――仁』（雪組、二〇一二年）、『ブラック・ジャック　許されざる者への挽歌』（雪組、二〇一三年）、『伯爵令嬢』（雪組、二〇一四年）、『アルカサル――王城』（星組、二〇一四年）、『ルパン三世――王妃の首飾りを追え！』（雪組、二〇一五年）とマンガ原作物が急増する。『逆転裁判』（宙組、二〇〇九年）、『銀河英雄伝説@TAKARAZUKA』（宙組、二〇一二年）や『戦国BASARA』（花組、二〇一三年）なども、原作こそマンガではないが、マンガ化されたものから入ったファンもいるだろう。

こうした増加の背景には、メディアミックスと呼ばれる個々の文化の領域を超えた文化のあり方の流行があるが、世の中の流行に先駆けて四十年も前に『ベルばら』でそれを実践していた宝塚は、メディアミックスの先駆者であり得意分野でもある。マンガやゲームなどの二次元の世界を舞台に表現するとどうしても不自然で嘘っぽくなる。映画の実写版などに幼稚で大人の鑑賞に堪えられないものが多いなかで、宝塚での舞台化は総じて好評だ。マンガの世界と宝塚の舞台は「ファンタジー」という共通項によって親和性が高い。歴代のマンガ原作作品も、作品がもつ世界感を崩さず、それでいて宝塚らしくさらにロマンの香り高く味付けされていてどれもすてきな佳品に仕上がっている。特に比較的最近再演された『大江山花伝』（宙組、二〇〇九年）と『紫子《ゆかりこ》』（月組、二〇一〇年）は、主人公が鬼だったり女が男になりすますなど設定はかなりファンタジーだが、日本の情緒あふれる美しい舞台になっていた。

またマンガ原作といっても、『ブラック・ジャック』二作と『ルパン三世』は原作マンガの登場人物を借りてオリジナルストーリーを描いたもので、どちらも原作の世界観を大切に再現しながら、楽しい舞台になっていた。特に『ルパン三世』はタイムスリップを導入して宝塚が得意なフランス革命の時代に観客を誘い、マリー・アントワネットを登場させるなどあっと言わせるアイデアの連続だった。そういった二次創作も宝塚ではお手のものだ。

いまでこそマンガの舞台化は普通になったが『ベルばら』の初演当時の歌劇団の英断は大変なことだったと思う。だからこそ、植田歌舞伎と呼ばれるように、必要以上に格式を重んじた演出がなされたのだろう。それがいまやマンガはサブカルチャーとして強固な地位を確立し、マンガではないが日本のアニメ作品は海外にも輸出される立派な文化となった。

歌舞伎界でも『ONE PIECE』がスーパー歌舞伎化され、『ガラスの仮面』はすでに何度も舞台化され、もう一つの少女マンガの聖域『王家の紋章』も来年（二〇一六年）帝国劇場で舞台化される。『テニスの王子様』は二〇〇三年の初演以来一つのミュージカルの分野を確立し、手塚治虫の『アドルフに告ぐ』『リボンの騎士』、萩尾望都の『半神』『トーマの心臓』『11人いる!』、また大和悠河がタキシード仮面を演じた『美少女戦士セーラームーン』、『デスノート』『花より男子』など昨今のマンガ原作の舞台は枚挙にいとまがない。マンガの世界は題材の宝庫であることにみんなが気づき始めたのだろう。世の中はマンガ原作物の群雄割拠時代に突入した感がある。

「マンガなど宝塚ではない」とマンガの世界感を好まない宝塚ファンもいるだろう。しかし要は作り方だと思う。宝塚は外国人にも侍にも、鬼にも妖精にもどんなものにもなれてしまう。マンガのどんな世界感も違和感なく再現できてしまうのは宝塚ならではの強みだ。マンガのなかの登場人物が舞台で生きる姿を見てみたいという原作ファンを劇場に足を運ばせることも企業戦略的には大切なこと。宝塚らしさを失わずに、原作マンガを知らない宝塚ファンも楽しめる作品であれば歓迎だ。

しかし改めて振り返ってみて、マンガ作品の雪組率が高いことに驚いた。『ベルばら』を除く十七作品中十作品が雪組だ。そしてまたその雪組で『るろうに剣心』（二〇一六年）が上演される。いままでにテレビ、劇場版アニメ化や実写映画化（三度）され、アニメでは涼風真世が主人公・緋村剣心の声を演じたことでも宝塚ファンにとってはなじみが深い。日本物の雪組で、早霧せいなによる『るろうに剣心』。透明感のある早霧なら、佐藤健にも負けないさわやかな剣心になること請け合いだ。物語もどうアレンジされるのか。原作をあまり知らない私でもいまからちょっとワクワクする。

少女マンガと宝塚歌劇の「運命」と「縁」とは？

下瀬直子

「マンガ文化」——という言葉が世に浸透して久しく、いまでは堂々たる一つの分野を形成し、さらには社会的現象まで起こし、その影響力は大きくなるばかりでもある。

そして、そんな背景と認知度を築き上げた旗手といえば『ベルサイユのばら』といえるのだろう。

この作品は、マンガ界と同様、宝塚歌劇にとっても、大きな意味をもつものともなっている。

いうまでもなく『ベルばら』は、池田理代子の教養と、そのマンガ力が一挙に花開き、史実とフィクションを見事に織り交ぜた大作だが、何よりも「男装の麗人」として登場するオスカル・フランソワ・ド・ジャルジェが最大のヒットの要因である。一九七四年に宝塚が舞台化し、暗中模索のなかにいた当時の宝塚の方向性を決定づけ、その人気をマンガ自体とともに爆発的に高め、そして定着させた。

『ベルばら』連載当時から、その人気が高まっていくさまを肌で感じてきた宝塚ファンにとって、これこそ宝塚の世界そのものの具現化だと感じたはずだ。

まず、その舞台背景とその時代が、宝塚という舞台、またその作品にピッタリ当てはまる方程式をもつこと、そして、何よりも主人公である「男装の麗人＝オスカル」の登場が決定的な魅力となったわけだ。

オスカルの人物像を簡単に説明すれば、由緒正しきフランスの貴族ジャルジェ家の六番目の娘として生を受け、女性でありながら後継ぎとして、また男性として育てられた。そして、史実上には存在しないこのオスカルを「男装の麗人」として登場させたことによって、『ベルばら』の人気・関心度は、限りなく大きくなっていった。

このオスカルが、生き生きと輝くような人物として、さらには魅力あふれる人間として息をし始めたことで、その人物像が理想的な形で開花し、少女たちの目の前に現実の姿として現れたのが、宝塚の舞台であった。その瞬間、マンガと宝塚の「奇跡の出合い」が生まれたのだ。

それ以前も手塚治虫をはじめとする一流のマンガ家たちが誕生してはいるが、「マンガ文化」が大きく花開き、それ以後のマンガに対する関心と位置を高めたという功績で、最大級の賛辞を与えられるべきでもあるこの『ベルばら』という作品は、原作者池田理代子の出世作でもあり、宝塚歌劇の功労者ともいえる作品なのである。

オスカルが市民としてフランス革命に身を投じ、自分の信じる道をまっすぐに突き進む凜々しい姿と、女性として一人の男性を愛する女性らしさ……など、そのキャラクターは輝きを放ち、そしてそれは宝塚のスター（男役）でしか体現できなかっただろうし、舞台化したのが宝塚ではなかったら『ベルばら』の評価もこれほど高くはならなかっただろう。

このように、オスカルこそが『ベルばら』であり、宝塚のオスカルこそがこの『ベルばら』を、少女マンガという少女たちだけの世界から抜け出させた「奇跡のキャラクター」になったともいえると思う。

余談だが、当時人気があったアイドルたちを集結させて、『ベルばら』を舞台上演したことがあった。だが、客席は閑古鳥が鳴いている状態で、席に座っていることが恥ずかしいほどの思いをした。何にしてもオスカルという特殊な、しかもあまりにも魅力あふれる人物と特別な時代背景を安易に考えてしまったがゆえの大失敗だろう。

とにかく、少女マンガという世界を一段も二段も高みに押し上げたうえに、宝塚歌劇の本質にピッタリはまり、百年への道を強固にしたともいえる『ベルばら』との出合いは、〝運命的〟と表現してオーバーではないだろう。

重ねて勝手な表現をすれば、『ベルばら』は宝塚のために出産された、池田理代子を「母」とし、マンガ世界を「父」とする奇跡の「子ども」といえるのではないかと思う。

『ベルばら』に続き池田理代子は『オルフェウスの窓』を執筆するが、これは『ベルばら』が一九七二年に大ヒットし、その後大きな期待と注目を担っての連載開始となった。二十世紀初頭のドイツを舞台に展開され、その歴史的背景のダイナミックさと、これまた訳あって男の子のふりをしている学生貴族ユリウスの繊細な「男装」美が、『ベルばら』同様見事に融合した物語として登場。やはり女性のハートをわしづかみにし、八〇年には第九回日本漫画家協会賞優秀賞を受賞。八三年には、自然の流れのごとく宝塚で舞台化され、これまたファンたちの胸をときめかせた。

第一次世界大戦、ロシア革命などの史実を複雑に絡み合わせながら、イザークとクラウスというドイツの音楽学校の生徒と「男装」のユリウス三人の恋愛模様など、同じく少女マンガの真骨頂ともいえる題材をもち、宝塚の舞台のために創り上げられたかと思わせる作品となった。

『ベルばら』再演、再々演など、何年間にもわたっての『ベルばら』ブームの次に、同じようなロココ調の色彩ということもあってか、少し飽きられた感はあったにしろ、池田の作品が生かされるのは、宝塚でしかありえないということを再度確認させられた。

さて、『ベルばら』以後、この『オルフェウスの窓』以外には、いわゆる当時の少女マンガ『はいからさんが通る』『あさきゆめみし』『メイちゃんの執事』『エル・アルコン――鷹』『風のゆくえ』『虹のナターシャ』『アンジェリク』や、その他『ＪＩＮ――仁』『ルパン三世』『ブラック・ジャック』などのマンガ原作の舞台化が次々に実現し、そのときどきで話題を集めた。

もちろん、すべてがすべて、宝塚の舞台に上って成功を収められるというものばかりとはいえなかったようにも思う。そのなかで宝塚らしいといえるのは『はいからさんが通る』『あさきゆめみし』『エル・アルコン』『虹のナターシャ』『アンジェリク』などであり、その原作も舞台背景も宝塚の世界にいかにもピッタリなのだから、舞台化も当然のことといえるだろう。なお、これらの作品は、一九七〇年代前後を中心にした、少女マンガが社会に認知され、台頭してきたころの、各少女マンガ家の代表的作品であり、その質の高さも舞台化を後押ししたと思われる。

とにもかくにも、『ベルばら』は、日本での少女マンガの存在を限りなく大きくし、人々のマンガに対する認識を根本から変えたという作品の一つとして大変な功績をもつものであり、何度もいうようだが、宝塚にとっては、宝塚舞台に取り上げた関係者とファンのその「目」のすごさを第一としても、限りなく大変重要な作品となったわけだ。

マンガが宝塚の舞台上に合っているか否かは、その公演ごとの客席の反応やファンの評価、目線、感激度などで自然に決められることだろう。

宝塚という夢の舞台で、マンガの世界が表現されるようになってから四十年以上の年月が過ぎ去ったが、「宝塚らしさ」、そして、あくまでも宝塚の「男役らしさ」を生かしていけるマンガに出合っていくことも、まだまだこれからの大事な路線の一つになっていくのかもしれない。

初代オスカル役で、宝塚に『ベルばら』ブームを巻き起こした立役者榛名由梨の、当時の一言「目の中に星が見えるようにしなければ……とそのことにまず苦労しました」が、マンガと宝塚の融合の成功の鍵なのかもしれない。

［参考文献］『大好きだった！少女マンガ'70年代篇』（双葉社スーパームック）、双葉社、二〇一四年

マンガの「宝塚化」という可能性

岩本 拓

　近年、表現媒体の違いを超えて物語を共有することは当たり前になりつつあり、一つの作品の原作が別の表現媒体であったとしてももはや驚くことは少なくなってきた。それはエンターテインメント業界の全体的な想像力の欠如を表していると端的に考えることもできる。ただここ数年のマンガの舞台化——特に少年マンガの積極的な舞台化——という動きには想像力の欠如という言葉だけでは語ることができない、人々の需要の高まりが潜んでいるように思える。

　小説を原作とする舞台作品はこれまでもメジャーだったが、なぜここへきてすでにビジュアルイメージや固定ファンが確立されているマンガを生の舞台として上演することがこんなにも望まれているのか。

　宝塚以外では『テニスの王子様』をミュージカル化した『ミュージカル・テニスの王子様』通称〝テニミュ〟がシリーズ化し、現在もキャストを変えて上演され続けるなど人気を博しているし、宝塚OGの悠未ひろが出演した『ライブ・スペクタクルNARUTO―ナルト―』や、作中に登場する何十万円もする自転車が売れるなどエンターテインメント業界の外にも影響を与える『弱虫ペダル』など、続々とマンガの舞台化は進んでいる。

　映画やテレビドラマの世界では、マンガが原作の作品が作り続けられてきた。すでにマンガ作品としてヒットしていて知名度もあるため、制作前にある程度の興行収入が期待できるコンテンツとしてハリウッドでも日本映画市場でも実写化の対象となるマンガジャンルは大きく広がっている。この実写化という流れは脈々と続いてきたものだが、マンガの舞台化は映画に比べると後発的なものであり、特に近年顕著な現象として考察の対象に値するように思える。

　宝塚でのマンガの舞台化で思い浮かぶのは一大ブームを巻き起こした『ベルサイユのばら』(一九七四年初演)だが、宝塚ではその後もさまざまなマンガ作品を舞台化してきた。近年では人気テレビゲームを舞台化した『戦国BASARA』(花組、二〇一三年)や『逆転裁判』(宙組、二〇〇九年初演。その後パート2

〔宙組、二〇〇九年〕と実質番外篇となるパート3〔宙組、二〇一三年〕が上演される）など、その消費対象が少女や女性だけではない作品へも触手を伸ばしてきた。これらの試みが単なる話題作りにとどまらず、宝塚に興味がなかった層へのアピールにもつながり、観客動員数の増加の一要因になっているだろう。そして二〇一五年に上演された『ルパン三世――王妃の首飾りを追え！』（雪組）や一六年に上演を控える『るろうに剣心』（雪組）とここにきて男性をメイン消費者にしていたマンガを続々と上演することが決まった。いままでより確実に男性ファンを取り込もうとしている試みともとれるが、宝塚以外の舞台でもマンガ作品が積極的に舞台化されている現状をふまえると、男性ファンを取り込むことを前提として単純に市場のニーズに宝塚が敏感に反応していると も読み取れる。市場が求めているニーズ――それは〝ライブ感〟ではないか。

〝ライブ感〟が求められていることが非常に顕著なのは音楽市場である。CDが売れない時代といわれて久しく、それに取って代わると考えられていた音楽配信においてもまだ売上高の一五パーセント程度だといわれている。さらにはインターネット上に無数に転がっている音源が（もちろん違法だが）音楽を購入するという図式を壊してしまっている。一方でCDが売れないといいながらAKB48に代表されるアイドルグループがミリオンセラーを連発している。その要因の一つは、握手券や総選挙への投票権などアイドルグループへ購買者が何かしらの形でコミットできる特典が付いていることが挙げられる。さらにCDは売れないが、アーティストのライブは大盛況が続いていると聞く。つまり音楽そのものの消費よりもその場で体感できる空気感であったり、CDなどで得られない経験であったりを人々は求めていて、市場もそれらを商品として流通させているのである。

同じような動きが一連のマンガ作品の舞台化という現象に表れているのではないだろうか。映像化はこれまでもおこなわれてきたが、舞台化の動きは近年急速に進んできた。映像では得られないもの。例えばマンガの世界観に浸る、あるいはその場に居合わせることで得られる体験。こういったものが舞台化の流れの原動力だろう。このようなトレンドを宝塚が敏感に察知しているのであれば、商業的にも知名度を高めるためにも、マンガの舞台化は有効な手段の一つといえる。

そのようなトレンドの一方で、宝塚ならではの制約もあることを忘れてはならない。どのような作品であっても、宝塚の舞台で求められる物語展開や配役を気にしながら作品を制作していかなければならず、なおかつ原作のイメージを損なうことはあってはならない。少女マンガ原作がこれまで多かったのは、その物語形式が宝塚の求める物語形式にぴったりであることが多かったからという点も大きい。一組の男女の恋愛をメインに展開し、その男女が結ばれる、あるいは別離を迎える物語が宝塚という夢舞台の根底にあるのだ。

だが宝塚が少女マンガだけでなく少年マンガにまで舞台化の対象を広げてきたことは、これまでの宝塚のなかで培われた「宝塚化」するノウハウが確立したことを意味する。一見宝塚の舞台には合わないような作品をこの数年で次々に上演できている事実がその証明である。記憶に新しい『ルパン三世』では原作やテレビシリーズなどでは一部作品で限定的にルパンと恋に落ちる少女が登場することはあっても、基本的にはメインヒロイン不在の作品である。ルパンの憧れとしての峰不二子がメインヒロインとして存在しているとはいえ、二人の微妙な距離感は宝塚が求めるカップル像ではない。そこで演出家小柳奈穂子は作品の舞台を中世ヨーロッパとし、宝塚ではおなじみのマリー・アントワネットとルパンとの恋を描くことでその問題を解消した。また過去二度にわたって上演された『JIN――仁』(二〇一二年初演)ではテレビドラマ化もされ原作本も二十巻を数える長篇作品を主として主人公の南方仁と結命、橘咲との恋愛描写と坂本龍馬をはじめとするタイムスリップした先での人々との友情に焦点化することで宝塚化したともいえる。医学的な部分は簡略化されてはいたものの原作の世界観を壊すことはなかった。

宝塚は、座付きの演出家が作品を制作するという特殊な環境にある。そのような環境に置かれていることもあって、ときに演出家は宝塚らしさにとらわれすぎてアイデア不足に陥ることもあるだろう。海外ミュージカルの積極的な輸入と再演で埋め尽くされた上演スケジュールが続いていたことも、その行き詰まりを表しているようにも思える。しかしこの「宝塚化」という作品の作り方を通して新しい宝塚的な想像力が生まれること――作品の舞台こそ原作マンガを間借りしているにせよ、「宝塚化」することでそれが宝塚的想像力をまとった作品へと姿を変える――これが今後の宝塚をさらに高めていく一つの可能性ではないか。

そのような意味では、二〇一六年に控える『るろうに剣心』はこれまでの「宝塚化」の集大成を見せられるか一つの試練になるだろう。原作は和月伸宏で、「週刊少年ジャンプ」（集英社）に連載され人気を博した。その後テレビアニメ化、OVA化、実写映画化もされた大人気マンガである。舞台が幕末から明治初期の日本であること、メインヒロインが確立されていることなど宝塚での物語形式や和物文化と相性がいいことは明らかだが、原作の世界観を壊すことなくどのようにミュージカルとして成立させるか、いかに「宝塚化」できるか見ものである。同様の条件下で成功した『ルパン三世』（奇しくも両作品とも早霧せいな率いる雪組であること、和物の雪組であることでがぜん期待が高まる）に続くことができれば、この「宝塚化」という手法が、宝塚という特殊な空間をさらに保ち成長させ続ける方法にもなる。原作の段階から読み手にビジュアルイメージが完成されているマンガの「宝塚化」を通してさらなる宝塚的想像力の発展、そして究極的にはオリジナル作品へのインスピレーションを与える刺激になることも期待したい。

宝塚版『るろうに剣心』への期待

松田梨紗

『るろ剣』こと『るろうに剣心』が、二〇一六年二月、宝塚で舞台化されることになった。すでに主要配役とビジュアルも発表され、ファンの期待が高まっているが、マンガに明るくない宝塚ファンのために、『るろ剣』とは何かを紹介するとともに宝塚版への期待を語ろう。

『るろうに剣心――明治剣客浪漫譚』は、和月伸宏が「週刊少年ジャンプ」（集英社）に一九九四年十九号から九九年まで連載（全二百五十五話）して、人気となった時代物の少年マンガシリーズ。「るろうに」とは流浪人のことで、和月の造語。

雪組トップスター、早霧せいな扮する主人公の緋村剣心は二十八歳のさすらいの剣豪。逆刃刀《さかばとう》という峰と刃を逆にした刀を差し、見た目は短身痩軀で赤い髪の優男。左頬にある大きな十字傷が特徴。もとは長州（山口県）派の維新志士で、幕末最強といわれた伝説の剣客、人斬り抜刀斎その人である。修羅さながらに殺人剣を振るい、数多くの佐幕派の要人を殺害してきたが、ある不幸な事件をきっかけに明治維新後は一転して「不殺《ころさず》」を誓い「流浪人《るろうに》」となって、日本全国を旅しながら弱き庶民のために剣を振るっている。

その剣心をめぐる主要登場人物は三人。

まずは、神谷活心流道場で、師範代を務める十七歳の女性、神谷薫。剣心が、道場を乗っ取ろうとする悪人たちから薫を救ったことがきっかけで知り合い、剣心は道場に居候することになる。薫の父は西南戦争に徴兵され戦死している。宝塚版では娘役トップの咲妃みゆが演じる。

十九歳の相楽左之助は、斬馬刀《ざんばとう》という巨大な刀剣がトレードマークの剣豪。もともとは喧嘩代行屋で、幕末に維新志士との戦いに敗れたことから維新志士を憎んでいて、剣心と出会ったときも剣を交えるが、剣心の生き方に惚れて熱い友情を感じて仲間となる。宝塚版では長身の鳳翔大がキャスティングされた。

もう一人は明神弥彦という十歳の少年。士族の息子だったが孤児になり、やくざに拾われてスリとして働かされていたところを剣心に救い出され、神谷道場に弟子入りしている。この配役はまだ発表されていない。

物語は、幕末から時が過ぎた明治十一年の東京下町で、剣心と薫との出会いから始まり、相楽左之助や明神弥彦がどうして仲間になったかのいきさつが、明治初期に活躍した実在の人物や実際にあった出来事、事件などを絡めながら描かれる。大久保利通が剣心に暗殺を依頼してくるが、まもなく敵に殺される。いわゆる紀尾井坂の変もフィクションを交えて巧みに織り込まれている。また宝塚版では彩風咲奈が演じる新撰組三番組隊長・斎藤一が維新後に藤田五郎と改名し、明治政府の警官になっているという設定も原作のオリジナルだ。

幕末から明治に移り、生き残った者たちはそれなりに時代を受け止めていたが、幕府の生き残りのなかには明治政府に恨みをもつ者たちもいて、政府転覆を謀ろうと虎視眈々と狙っている。しかし、剣心がそれをことごとく阻止していくというのが大筋だ。

剣心は、相手と一戦を交えるとき、一瞬にして人斬りの目に変わり、修羅に変身する。しかし、薫たちと出会い、仲間ができたことで、人を守りたい、仲間を守りたい、愛を守りたいという心も生まれていく。非情な人斬りの顔と、心優しい人間的な顔、その二面性が剣心の魅力。

映画版は、剣心を演じた佐藤健がマンガのイメージにぴったりで、ストーリーもよくまとまっていたことから大ヒットにつながったが、宝塚版の早霧せいなも見た目は似合っているので期待できそうだ。普段は優男でけっこうドジなところもある剣心が、一瞬にして修羅になり、人斬りの目になるあたりの、変わり身をどう出せるかが大きな鍵になるだろう。

あとヒロインの薫を演じる咲妃、左之助の鳳翔はいいとして、弥彦少年の配役も作品の成否を左右する重要なポイントになりそうだ。もう一人、出番は多くないが会津藩の女医・高荷恵役（映画版では蒼井優が演じた）を大湖せしるが演じるのも要注目。才能を悪用されてアヘンを作らされるが、そのくだりに登場する悪徳実業家・武田観柳には彩凪翔。ほかに主要人物として登場する剣心の宿敵の一人、四乃森蒼紫には月城かなとが決まった。

原作がとにかく長いのでどこに焦点を絞るかでずいぶん変わってくるが、原作のイメージを壊さずに、どこまでマンガファンを納得させられるかが成功の鍵になるだろう。今年（二〇一五年）正月の宝塚版『ルパン三世――王妃の首飾りを追え！』（雪組）は原作のファンにも比較的好評だったので、その宝塚が満を持して舞台化する『るろうに剣心』にも大きな関心を寄せている。宝塚版の制作にあたり脚本の小池修一郎は、二番手スターの望海風斗に剣心の恋敵として伝説の新撰組隊士・加納惣三郎というオリジナルの人物を登場させるという。アニメ版や実写版など、これまでのどの『るろうに剣心』にもない、宝塚ならではのあっと驚く『るろ剣』が期待できそうだ。

小特集1

雪組『星逢一夜』が面白いワケ

雪組

星逢一夜《ほしあいひとよ》

作・演出▶上田久美子

La Esmeralda《ラ エスメラルダ》

作・演出▶齋藤吉正

宝塚大劇場［2015年7—8月］／東京宝塚劇場［9—10月］

客席号泣！『星逢一夜』魅力大解剖――はじめに

薮下哲司

早霧せいな率いる新生雪組は、モンキー・パンチ原作のアニメを舞台化したお披露目公演『ルパン三世――王妃の首飾りを追え！』（二〇一五年）がスマッシュヒット、百一周年を幸先のいいスタートで飾ったが、第二弾のミュージカル・ノスタルジー『星《ほし》逢一夜《あいひとよ》』も、雪組ファンだけでなく、宝塚ファン全体からの熱い支持を受け、宝塚大劇場、東京宝塚劇場とも連日満員のクリーンヒットとなった。原因はやはり作品のクオリティーの高さ。バウ公演『月雲《つきぐも》の皇子《みこ》』（月組、二〇一三年）、ドラマシティ公演『翼ある人びと――ブラームスとクララ・シューマン』（宙組、二〇一四年）と佳作を連発した若手作家上田久美子待望の大劇場デビュー作とあってファンの期待は大きかったが、その期待を裏切らないツボを得た作品づくりで、またまたファンを魅了した。

『星逢一夜』は、江戸時代中期、九州の緑深き架空の三日月藩を舞台に、藩主の次男で天文学好きの紀之介（早霧）と村の少女・泉（咲妃みゆ）そしてその幼なじみの源太（望海風斗）の身分を超えた友情と、身分の差ゆえにどうにもならない皮肉な運命を切なくもドラマチックに描いた作品。久松一声の昔から綿々と続く宝塚の時代物のセオリーをきちんとふまえたうえで、現代に通じる人の世の非情さを描ききったのは見事の一語だ。

上田のこれまでの作品を振り返ってみると、今回の作品との大きな共通項に気づかされる。三作品ともヒロインをめぐる三角関係ドラマであるということだ。『月雲の皇子』は、兄弟皇子が衣通姫《そとおりひめ》を同時に恋してしまったことから起こる悲劇、『翼ある人びと』も、ヨハネス・ブラームスが恩師ロベルト・シューマンの妻クララに恋する禁断のラブストーリーだった。兄弟、恩師と弟子、そして藩主と農民と、三作とも設定は異なるものの、愛を成就するには自分にとって大切な相手を傷つけなければいけないという制約がある。観客はそのどうにもならない切なさを、自分のこれまでのさまざまな体験と重ねて号泣するということになる。特に今回の源太は、『ベルサイユのばら』（一九七四年初演）のアンドレ・

グランディエをさらに深くしたパターンで、泉のなかに紀之介への思いがあることを知りながら結婚し、子どもまでもうけるものの、泉の紀之介への思いを最後の最後まで気遣う優しさが、女性ファンにはたまらないのだろう。そういう切なさの描写がことのほかうまいのだ。蛍の群れと天の川をイメージした幻想的な導入部分もすばらしかった。

　主人公三人に時間を割きすぎて、ほかの出演者の比重が小さくなりすぎたという指摘があるが、どっちつかずになる可能性もあり、今回はこれぐらいでちょうどよかったのではないかと思う。たった一時間半で、観客を物語世界に没入させる手腕は並大抵の力ではなく、そういう意味では百一年以後の宝塚を背負うに足る頼もしいストーリーテラーといえるだろう。次はどんな物語を紡いでくれるかますます楽しみになってきた。『宝塚イズム』の執筆者の心も一気につかんだようで、執筆希望が多く寄せられた。そこで『星逢一夜』の魅力をさまざまな角度から語ってもらうとともに上田久美子への熱い期待と問題点も提起してもらった。

上田情緒と充実の雪組

木谷富士子

〝月〟の次は〝星〟ときた上田久美子ワールドは相変わらず切なくて美しかった。演出家にはそれぞれの作品の傾向がある。登場人物が毎回大勢死んでいったり、乙女系だったり、ノワール系だったり。そんななかで自分の感性に合う／合わないがあるのが普通だが、上田についてはほとんどの宝塚ファンが不思議なほどもろ手を挙げて作品の風格、美しさを高く評価している。一口でいうと人間の琴線にふれる作品づくり。しかし単に泣かせにくるだけでなく、構成がしっかりしていて台詞《せりふ》が美しく、作品のレベルが高い。新聞評では「上田情緒」なる言葉も生まれた。

ＬＥＤライトが暗い舞台上で星のように瞬き、切ないピアノの音色が流れて劇場は一気に『星逢《ほしあい》一《ひと》夜《よ》』の世界観に引きずり込まれる。場所は九州にある三日月藩の貧しい農村。親を一揆で亡くした泉（咲妃みゆ）や源太（望海風斗）など寂しい子どもたちが寄り添って生きている。そこで星観の櫓を一人で作ろうとしていた藩主の次男・紀之介（のちの天野晴興・早霧せいな）と出会う。彼も側室の子で誰も真剣に自分のことなど心配していないと言う寂しい子どもだ。

物語は三つの時空のなかで進む。一つは三人が出会った少年時代。そこで三年の月日が流れ、晴興が江戸に向かう。ここで一度目の別れがある。そして七年後、藩主となって村に帰ってきた晴興と村のみんなが再会する場面。もうすぐ源太と結婚するという泉と晴興の二度目の別れがある。そしてさらに十年の時を経て、老中になった晴興が源太を首謀者とする三日月藩の農民一揆を治めにくるラストだ。十歳前後の子どもたちが三十歳前後の働き盛りとなり、泉と源太の間には三人が出会ったころと同じような子どもが三人。星巡りのように一つの世代が回った勘定だ。そして、いちばん最後に子ども時代の三人を登場させる禁じ手を使ってまた泣かされた。

子役を使わずに、みな子ども時代から大人までを通して演じる。いつもの子役ならば、ことさら幼さをデフォルメした表情と話し方で大人との違いを出す演技が定番だが、今回は子ども時代から通してその人物を表現しなければならない。日頃男役でキザっているスターたちだが、やりすぎずに自然にかわいい子どもになっていたのはさすがに芝居の雪組だ。台詞だけでなく細かな仕草で子どもらしさを醸し出し、「だっちゃ」などのお国言葉も柔らかくて、三日月藩の世界感を作り上げるのに効果的だった。主題歌の「星逢一夜」は切なくて、子どもの三人で歌う「星探しの歌」はわらべ歌のように優しく懐かしい調べだ。

子ども時代から泣きポイントが用意され、物語にぐいぐいと引きずり込まれて一時間半が終わる。物語は、定番の三角関係に為政者と虐げられる民という関係性を入れ込んでの二重の人間関係が基本になる。初めての恋、三角関係、義理と人情。仲間を助けるために自分の命をかける源太、義のため大勢の命を助けるため、本当は助けたいのに最後まで向かってくる源太を断腸の思いで斬る晴興。虐げられる

小特集1

雪組『星逢一夜』が面白いワケ

ものが為政者に対し、死を覚悟のうえで挑む戦いはどんなときも心がえぐられる。二人の果たし合いは『月雲《つきぐも》の皇子《みこ》』（月組、二〇一三年）の最後の兄と弟の戦いに重なった。

　上田作品は三角関係という永遠のテーマ性に加え、男同士の絆を毎回用意している。全くのフィクションではなく史実を織り交ぜ、話に現実性を付加しているのも共通点で、それが舞台の品位を上げることにも通じている。今回の三角関係では誰も悪者がいない。『月雲の皇子』では卑怯な手段で弟が兄から衣通姫《そとおりひめ》を奪ったのに対し、源太は立派になって帰ってきた晴興に泉をもらってやってくれと土下座までする。みんながそれぞれに相手を思いやる優しさが前面に出たストーリーで、特に源太の優しさには随所で泣かされる。ただ立場と思いが違うだけで、善悪ではないのに悲劇が起きる。だから観終わったあとに、切ないが心が浄化されたような優しい気持ちにさせられる。

　登場人物がちゃんと描かれているためそれぞれの心の動きが手に取るようにわかり、感情移入がスムーズにできる。為政者側である晴興の苦しさもわかるからより切ない。子どもから青年、大人へと成長していく主人公たちの気持ちに寄り添える一時間半で、その間に私たちも晴興たちを子どものころからずっと見守ってきたような気持ちにさせられる。特に泉は、少女から母へと変わる。しかし最後の晴興との別れの場面で、母であるのに自分のことを「泉は」と語り、泉がずっともっている少女性と母性の狭間で揺れ動く。二人の間に流れた時間と変わらなかった気持ちが、ここでの会話に凝縮される。『月雲の皇子』のときもそうだったが、何もかも捨てて二人でどこかへ逃げるという選択肢があるのに二人はそれをしない。それが現実で大人になるということだ。

　早霧はトップになって大劇場二作目。『伯爵令嬢』（二〇一四年）、『ルパン三世――王妃の首飾りを追え！』（二〇一五年）、『星影の人』（二〇一五年）とコメディーに悲劇にとかなり振り幅の大きな役ばかりこなしている。もう歌は不問にするとして、芝居がいい。後半の抑えた演技のなかで、晴興の言外の苦しみや悲しみを表情で巧みに語っていた。出世しても少しも幸せそうでない晴興。後半ずっと氷のような能面の表情が、源太を刺す刹那に苦しみで顔が歪む。泉との別れでは、ほほ笑みながら泣いている。

三人のなかでいちばんの難役だったと思うが、二人の演技をしっかりと受け止めた演技はさすがだった。

　思うに、咲妃と望海という最強の共演者を得たことが、いまの早霧にとっての最大の力になっている。二人は歌の面で早霧をカバーできるし、芝居巧者ががっぷりと三つ巴に組んだ芝居を観せることができる。逆にいえば、望海はかなり共演者を選ぶスターだと思う。圧倒的な存在感と濃い容姿と演技、男くささ。その主張しすぎる個性とスター性が、へたをすれば主役を食うかけんかしてしまう。硬質だがノーブルな正統派の早霧のもとで望海のアクの強さがうまく生かされて、いま雪組で黄金のトライアングルを築くにいたった。今回も、源太の優しさと真の男気を客席に届けられたことが芝居の成功の鍵だった。

　咲妃の憑依型の演技もますます進化している。公演を観るたびに、舞台上で泉として何度も泣いていた。段取りではなく毎公演、役に入り込んで演じられるのはやはり才能だろう。静かな台詞のなかに泉の強さと覚悟、母性と少女性を感じた。台詞の口跡が美しく、お国言葉が柔らかくて耳に心地よかった。『月雲の皇子』と根底に流れるプロットはかなり類似していて、個人的には『月雲の皇子』の衝撃には及ばなかったし、源太の心情などもっと深い部分が描けるはずとは思ったが、子どもから大人までの時間を一時間半にまとめるのはかなりの制約だったと思う。全体として万人に愛される優しさにあふれた美しい佳品だった。

　ショーはまず舞台上の「ラ エスメラルダ」の昭和調のカタカナ文字で和む。悲しい芝居のあとでほっとして笑ってもらおうという心遣いならばうれしいが。それを抜きにしてどこが中詰めかわからないほどずっと盛り上がりっぱなしの、疾走感あふれる直球ラテンショーだった。色とりどりの原色にあふれた衣装で『RIO《リオ》 DE《デ》 BRAVO《ブラボー》!!』（雪組、二〇〇九年）の姉妹篇という感じ。奥の舞台では総踊り、その前の銀橋を二、三人のスターたちがとっかえひっかえ歌いながら駆けていく。組子ファンの観客にはとにかくスターが舞台に出ている時間が長いので楽しめる。退団者と早霧が踊る場面はホロッとするし、特に透水さらさはよく使われていた。でも、いちばんの活躍の場面がダルマの衣装でなくてもよかったのではと、彼女の一ファンとしては思うのだが。

お芝居ではしっとりと演じた咲妃が妖艶な大人の

女になって踊る。天性の演じるという才能をもっている人だ。ショーでももっともっと演じてほしい。

望海で沢田研二の「ウィンクでさよなら」、彩風咲奈でザ・テンプターズの「エメラルドの伝説」、ラインダンスはザ・ピーナッツの「情熱の花」と懐メロも多い。どれもかなり昔の楽曲で、懐メロと感じない世代のほうが多いだろう。

齋藤吉正が感じる情熱とはきっとこういう形なのだろう。デュエットダンスまで三組とにぎやかだったのは意外だったが、このショーを騒がしいととるか情熱的ととるかは観客側の好みの問題。とりあえず早霧の持ち味に合っていて、いまの雪組の勢いが感じられる熱いショーだった。

小特集1

雪組『星逢一夜』が面白いワケ

哀しい愛の三角形

大越アイコ

新人作家のデビュー作品も初々しくていいかなと気軽に見た『月雲《つきぐも》の皇子《みこ》』（月組、二〇一三年）で、上田久美子という新進作家の問題設定の鋭さ、演出テンポのよさ、深みある台詞の数々に感嘆して、興奮して帰ったのを覚えている。主人公とその弟の皇位をめぐる争いはドラマチックだった。次作『翼ある人びと――ブラームスとクララ・シューマン』（宙組、二〇一四年）で魅せた静謐な雰囲気、隠しようもなくにじみ出る情念の濃さにも感銘した。若き日のヨハネス・ブラームスが作曲家として自立していく際に起こった直接的な師ロベルト・シューマンへの配慮と理念的な目標としてのベートーヴェン?との葛藤が、シューマン夫人のクララへの憧憬と相まって切なさがあふれた。

満を持しての大劇場デビュー作品『星逢一夜《ほしあいひとよ》』を観ていると、『月雲の皇子』のテーマがよみがえってくる。子ども時代の絆、成長した女性と二人の男性をめぐる切ない恋とそのために起こる対立。時代背景は異なるが、前作で見せた王権をめぐる争いは階級差の問題へと拡大した。男たちのヘゲモニー争いが恋愛と絡んで、より激しい感情を浮かび上がらせる。

現作品まで見るかぎり、上田は恋愛ドラマを特定の時代背景のなかにしっかり書き込む点で、タカラヅカの構造技法をきちんとふまえていると思う。その恋愛が三角関係をとっていることから、社会学者ルネ・ジラールの欲望理論を思い出した。

ジラールによれば「欲望の三角形」とは、ミメーシス（模倣）の欲望に基づくという。平たくいえば、人は誰かが欲しているものを欲する。愛し欲し合うものが面前にいると第三者に欲望が起こる。その欲望はこの二者関係への介入にいたる。例えば兄弟の思い人に恋する場合、恋人に他者を誘惑させること で自分の恋心を湧き上がらせる場合など。柴田侑宏はこのプロットをうまく作品に取り入れていた。前者に『あかねさす紫の花』（一九七六年初演）、後者に『仮面のロマネスク』（一九九七年初演）がある。

上田は過去の宝塚作品をよく勉強している。それとともにタカラヅカであることを利用して、愛の形を異性愛にとどめず、男役同士の微妙な関係をも取り入れている。イブ・セジウィックのホモソーシャル的要素がちりばめられているのだ。この形はタカラヅカの諸作品にすでに散見されるが、構造技法として使っているのに彼女の斬新さがある。

男役同士の関係は尊敬・信頼・憧憬・嫉妬・執着・裏切り・敵対など多様で、それが一人の人物のなかに錯綜するので、創る側・観る側の想像力をかきたてる。それが登場人物の関係性の混乱を引き起こし、ドラマを生み出す。

『月雲の皇子』で権力を握った穴穂皇子《あなほのみこ》は、「物語」は記録ではなく人々の思いが託された記憶の集積だと言う。これは作者の基本構図なのだろう。もちろん和物では能・歌舞伎・舞踊、洋物ではオペラ・ミュージカル・ドラマもそれに基づいていて、歴史物といえども実証的な歴史とは異質である。洋物では許せても、和物には時代考証で一言いいたくなる人もいるだろうが、そんな視点は昭和の荒唐無稽なチャンバラ時代劇などを見ていた者からすればエンタメがわかっていないといいたい。

エンタメ歴史ドラマの条件はクライマックスを盛り上げるために、その前半、そして後半にそれなりの説得力を与えることだ。今回のドラマでは三日月藩主の側室の子・紀之介（早霧せいな）と幼なじみの農民の娘・泉（咲妃みゆ）との再会と、紀之介あらため藩主・晴興と幼なじみの農民・源太（望海風斗）との戦いの場面となる。この三人の関係の複雑さを明らかにするために、三人が無邪気に絡み合う蛍村の子どもたちの世界が舞台上に現れる。開演後三十分続く子ども時代のピュアな遊びの場面は、晴興が

小特集1

雪組『星逢一夜』が面白いワケ

思い返した夢物語かもしれない。彼と源太、泉の星観櫓で星を見上げる美しいエピソードも。

雪組の上級生たちが演じる子どもたちは、各自個性的に描かれている。氷太（鳳翔大）はガキ大将っぽく、ちょび康（彩風咲奈）は泣き虫で弱そう。これらの設定が、のちの農民一揆の場面に生きてくる。

藩主の次男坊だが側室の子である紀之介は独りぼっちだったが、星観を通して村の子どもたちと仲良くなる。だが紀之介は兄の死により世継ぎとして江戸に行くことになった。子どもたちの別れのシーンが切ない。ちょび康は大泣きし、星観櫓に一人いた泉に紀之介は形見の小太刀を投げ与える。

江戸で晴興は熊本藩主・細川慶勝（月城かなと）に見下されながら月食を科学的に予言する力を発揮して、将軍・徳川吉宗（英真なおき）に見込まれ、将軍の姪の貴姫（大湖せしる）の婿へと出世街道を歩む。老中として享保の改革の苛烈な実行者となる。このあたりは話が飛びすぎる感があるが、彼にとっては思い出したくないようなむなしい現実だったのだろう。過酷な支配に対し各地で一揆が起こる。三日月藩でもその気配はあり、晴興はそれを鎮めるように命じられた。

戻った晴興は村のリーダーである源太と会う。実は、晴興は以前結婚前に星逢祭りのとき村に戻り、美しくなった泉に出会っていた。子ども時代から引かれ合っていた二人。晴興は思わず泉を抱こうとする。泉はその腕から抜け出て、「あなたは徳川のお姫様と結婚しなさるのでしょ。私は源太のお嫁になる」と叫ぶ。そこに源太が走り出て、泉の心を代弁して、泉を嫁にもらってくれと土下座までする。源太の気迫が発揮され、晴興は哀しく去っていった。

この最初の山場は星空を背景に美しい。藩主である晴興ならすぐにでも泉をものにできるだろうが、美しい蛍村の思い出が二人の歯止めになったのか。泉を嫁にしてくれという源太の切ない言葉は、逆に少年時代の友情を思い起こさせたのか。藩主と農民の三角関係など現実にはありえないが、タカラヅカの舞台では、紀之介に源太の純情に比較して自らの生き方を振り返る契機を引き起こした。泉も紀之介を忘れて源太の嫁になろうと、自らの恋心を抑えた。自分を捨てた優しさが、ときに残酷に作用することを鮮やかに描いて見事だ。

吉宗は享保の改革で国力を強くするために税制改革を断行するが、それに抗して各地に一揆が起こる。

タカラヅカでは国外の革命や反政府闘争を取り上げても、国内の一揆を取り上げるのは珍しい。前者がヒーロー物として描きやすいのに対し、一揆は貧しい農民たちの抵抗と苛烈な弾圧による暗さがつきまとうからだろう。

晴興と源太の再会はお互いにつらいものだった。支配権力側の晴興に源太は税の取り立てを緩めるように土下座までして懇願するが、晴興は受け入れない。変化したのはどちらなのか。支配側の道を進むものの、泉を失った晴興。泉を嫁として抱き三人の子をなした源太。だが源太は、泉が晴興を思い続けていることを知っている。泉をめぐって、二人の男に単なる上下関係でなく対等な力関係が生まれる。お互いの心が鏡のように見えるミメーシス関係だ。晴興は源太の覚悟を知る。

役人たちの厳しい沙汰に村人たちは追い詰められ、クライマックスの弾圧の場面となる。ちょび康が最初に殺される。大混乱のなかで晴興は自ら村人のリーダーの源太との一騎打ちに踏み出す。最初は木切れで挟み込むという屈辱的な扱い。すでに源太の子どもの母となっている泉は見守るしかない。武士である晴興と農民の源太との戦いは勝負にならない。晴興は源太をなぶるようであり、源太は彼の剣に身を投げ出すようである。ある戦争画家が戦場では殺す者と殺される者はまるで愛し合うように絡まり合って見え、そのように描くと言ったことが思い出される。今回がそれで、彼らはお互いにミメーシスになっているのだ。

晴興は、源太の死と引き換えにほかの農民たちを許すようにと吉宗に願い出る。彼の弱さを見抜いた吉宗は冷然と受け入れる。陸奥に永蟄居となって出発する前に村に戻った晴興は、思い出の櫓で泉に会う。泉は晴興に刀を向けるが殺すことはできず、かえって二人の消えていない思いがあぶり出される。それがつながるかという瞬間に、泉の子どもたちが母を探しにやってくる。まるで源太の遺志のように。

母であることを優先する泉に、晴興は「からかっただけじゃ」とつぶやく。重い場面にしては少し軽い言葉だが、そう言うしかない晴興の切なさが響いてくる。すべてを失った晴興に残るのは子ども時代の思い出だけだ。星観の櫓で無邪気に星を見上げる子どもたち。早霧は友を殺し、恋人に去られた男のむなしさをきりりと演じた。咲妃は階級格差でかなわぬ恋を諦めながら、一途な想いに殉じる女をはかなく演じた。望海は恋する泉の幸福をひたすら望み、彼女を守り抜く男の優しさと意識しない残酷さを愚直に演じ儲け役だった。雪組のトリデンテの演技合戦は見応えがあった。英真の将軍・吉宗はさすがの貫録だ。

重いドラマのあとは、明るいラテンショーでいささかほっとする。早霧をはじめとする雪組の男役陣が大活躍する。だが望海をもっと歌わせてほしいという思いは残る。熱いショーだが、メリハリに欠けるのが難点だ。早霧はさすがダンスの人。咲妃は演技力があるが、ショーでの華はまだまだだ。エトワールの透水さらさの美声がすばらしい。プリマドンナタイプに成長できたのにと惜しむ。色っぽい大人の女が少ないのが、現在のタカラヅカの問題。

小特集1
雪組『星逢一夜』が面白いワケ

上田久美子 堂々の大劇場デビュー

岩本 拓

雪組のトップコンビに早霧せいなと咲妃みゆが就任し、大劇場公演では二作目を迎える。お披露目は『ルパン三世――王妃の首飾りを追え！』（二〇一五年）という大胆な試みが好評を得た。しかし早霧を支えるポジションとして期待されていた夢乃聖夏が同公演をもって退団の運びとなったことから、本当の意味での雪組の新たな船出になったのは、今回の『星逢一夜《ほしあいひとよ》』『La Esmeralda《ラ エスメラルダ》』だったのではないか。何より大きな出来事は、望海風斗が正式に二番手として早霧を支える体制になったことだろう。先般の組替え発表の際にも早霧の最大の弱点である歌を補える存在として望海の組替えは歓迎されていたし、同期がトップスターとして君臨している元の花組では彼女の才能をなかなか生かしきることはできなかっただろう。本公演を観劇後にも、望海をめぐる一連の人事は劇団の賢明な判断だったと改めて思った。

本作ではこれが大劇場デビューとなる上田久美子を起用した。これまでの『月雲《つきぐも》の皇子《みこ》』（月組、二〇一三年）、『翼ある人びと――ブラームスとクララ・シューマン』（宙組、二〇一四年）で、物語構成力や舞台演出力の高さ、間の使い方など非常に高い才能を見せつけていた彼女がいよいよ大劇場公演を手掛けるということは筆者としても非常に楽しみであった。

上田が選んだ舞台は徳川吉宗が治める江戸時代。それも九州の小さな三日月藩を物語の中心に置いた。三日月藩藩主の次男坊として生まれた早霧演じる紀之介は、次男ゆえに疎外感や孤独を感じ、一人星空を見上げる日々。だが星逢祭りを控えた蛍村の子どもらと出会い、ともに星観櫓を建てたことから紀之介と村の子どもらの親睦は深まっていく。そのなかでも源太（望海）と泉（咲妃）との間には特別な友情が生まれていく。しかし残酷な運命が子どもたちを襲う。本来跡取りではなかったはずの紀之介は兄の不慮の死により、嫡男として江戸に行くことになる。涙ながらに別れた子どもたちだが、それぞれの道で成長し、いつしか大人になる。紀之介は名を天野晴興と改め、時の将軍徳川吉宗の寵愛を受け老中としての地位を確立。そして吉宗の命を受け税制改革に着手する。しかし、その改革が農民の不満を煽って各地で一揆を招くことになり、ついには自らの藩である三日月藩でも一揆が起ころうとしていた。藩の主としての職務とかつて幼少期をともに過ごしたかけがえのない友たちとの間で揺れ動く感情。私情を捨て去り反乱を鎮圧した晴興だったが、一人陸奥へと流刑に処されることを望むのだった。しかし、思い出のなかの子どもたちは星空を見上げいつまでも笑っているのであった。

物語の半分近くを占める幼少期を別の生徒ではなく一人の演者が演じ、子ども時代から成人し成熟していくまでの過程を描くことで、幼き日の美しい思い出と大人になったときの埋めようのない立場の違いを色濃く浮き彫りにするのに成功していた。物語自体に決して目新しさはないが、構成の巧みなバランスによって観客の涙を誘った。

紀之介／晴興を演じた早霧は、年を重ねていくにつれて置かれている立場が変わっていくという難しい役にもかかわらず感情表現が見事だった。幼少期は寂しさゆえの空元気で子どもたちの中心にいたが、江戸に上り藩主として、あるいは老中としての立場では、私欲を禁じ国のため冷静にあるいは冷酷に使命を全うする。最後には、源太との壮絶な戦いの最中こらえていた私情があふれ涙しながらも源太を斬るしかない悲哀を表現。和物の雪組を立派に引き継ぐトップスターとして見事だった。

泉を演じた咲妃は、紀之介への恋心と自分を慕ってくれる源太への愛情との間で感情が揺れ動く素朴

小特集1

雪組『星逢一夜』が面白いワケ

な田舎《いなか》娘を熱演。非常に芯がある女性が秘めた感情の揺れ動きを巧みに表現する。これまでの彼女の活躍を見ていると、どうも彼女にはマリー・アントワネットのような華やかなヨーロッパの世界で生きる女性よりも、今作の泉や『春の雪』(月組、二〇一二年)の綾倉聡子のような等身大の女性像が似合うような気がする。いまの宝塚でこのような娘役はなかなか貴重だし、何より雪組でトップ娘役になったことの必然性を感じた。

源太を演じた望海は、今回初めて二番手として舞台に臨むことになった。源太は幼いころから泉に思いを寄せながら、泉の紀之介への恋心を知る。紀之介が江戸へと旅立ってからは泉を妻として迎える一方、城主として戻ってきた晴興と泉が再開を果たした際には、自分は身を引き泉の幸せを何よりも考える心優しい青年である。その源太が、厳しい税の取り立てに困窮した蛍村を救うために立ち上がる。この一本気で心優しい青年を望海が熱演。歌に演技にトップの早霧と咲妃を支える存在としての望海を浮き彫りにする役であり、二番手として迎える新体制の船出の役にはぴったりだったのではないか。

基本的には紀之介、泉、源太の三人が物語の核であり、大部分のシーンでこの三人を中心に話が進んでいく。今後この三人で雪組を担っていくというイメージを植え付けるには最高の構図ではあったが、もう少し物語に深く絡んでくる人物を番手格のスターに与えてもよかった。

彩凪翔は幕府天文方筆頭の猪飼秋定という人物を演じ、紀之介の手柄によって命を救われたあとは彼に付き慕い始めるのだが、あくまで晴興の家来のような役割であり、大きな見せ場もなく不完全燃焼に終わった。物語が幼少期と深く結び付けられていたため、そこに入ってこない役にスポットはあまり当たらなかった。

彩風咲奈は蛍村のちょび康という泣き虫の役。紀之介との別れのシーンでは涙ながらに泉の紀之介への思いを口にしてしまうなど物語上の見せ場はあり、一揆では発起人の一人として蛍村の危機を救おうと立ち上がり命を落とすなど源太に次ぐ重要な村人役だった。基本的な人間性は変わらないが、大人になり少しずつ強くなっていくちょび康を好演していて感心させられた。

貴姫を演じた大湖せしるは新生雪組ですっかり別格娘役としての地位を確立した。貴姫という泉と真逆の女性像を演じ、雪組内での存在感を示した。成熟した女性を演じられる存在として貴重だ。ただ物語では紀之介が吉宗に認められるきっかけを作った人物であり、名を晴興と改めてからはその許嫁《いいなずけ》として晴興の人生に深く関わっていく人物だが、晩年その出番がほとんどなかったことがもったいなかった。

細川慶勝を演じた月城かなとは若さを感じさせない堂々とした振る舞いを見せ、芝居のうまさが光った。歌唱力も秀でているが、まだまだのびしろも多そうなので今後の成長が楽しみな生徒の一人である。

上田の物語を紡ぐ能力は非常に高く、また場面転換など舞台演出もこれまでの彼女の作品群に引けをとらないと感じた。一方では、大劇場作品に求められる作品を作るうえでの課題も浮き彫りになったように思える。大人数のスターに適切にバランスよく配役すること。そしてその役をうまく活用して物語を展開していくこと。これから宝塚というスターシステム上で作品を作り続けていくためには、これらの要素を物語に加味する必要があるだろう。作品を重ねるにつれてその部分が磨かれていくと思う。今後が非常に楽しみな演出家である。

ショー『La《ラ》 Esmeralda《エスメラルダ》』は、芝居同様早霧を中心に、咲妃と望海の二人を核として盛り立てていくものになっていたが、どこかショーとしてメリハリがない印象をもってしまった。齋藤吉正のショーは独特の感性で描かれることが多く、時折とっぴなアイデアを盛り込んでくるため、好き嫌いは分かれるとは思うが、各生徒への愛を感じられる構成のものが多い。今回は齋藤らしさがあまり出なかったが、全体を通して生徒の活用のバランスがよかった。望海を惜しげもなく活用したことに加えて、月城、永久輝せあの若手の積極的な活用、彩凪と彩風の円熟味を存分に感じられる場面配置、また脇を固める鳳翔大、蓮城まことら中堅の使いどころもよかった。また階段降りでは月城、永久輝が名を連ねたほか彩凪よりも彩風のほうがあとに降りてくるなど三番手が不明瞭な雪組で番手を確定させるかのような起用もあった。この先順当に三番手が決まるのかも見ものだが、まずは早霧を中心とした新生雪組がようやく歩みだしたことを喜び、今後の組としての成長を期待したい。

最後に一点ふれずにはいられないこととして、幕が開くとともに現れる吊り照明「ラ エスメラルダ」という文字がなぜかカタカナ表記だった。フォントもどこかダサい。これもまた齋藤らしさを表す独特の感性なのだろうか。

良くも悪くも三人にスポットを当てすぎた

永岡俊哉

「これはバウだな。しかも、七十人以上の生徒を背景的に使うもったいないバウだ」。これが私の初見時の感想だ。バウホールの芝居で『月雲《つきぐも》の皇子《みこ》』（月組、二〇一三年）や『翼ある人びと――ブラームスとクララ・シューマン』（宙組、二〇一四年）などの秀作を上演してきた上田久美子の大劇場デビュー作はその持ち味を生かした形となったが、大劇場の芝居としてはいささか疑問が残る作品になってしまった。

　上田は物語の構成力に秀でていて、しかも人物描写が緻密で繊細な心の機微まで描くことを得意とする。女性ファンの心の琴線にふれる作風といえるだろう。特に男と女の恋心などの情感の描き方が見事で、どの場面で枯れ葉を何枚落とすかまで決めて演出する。過去のバウ作品二作とも主要登場人物は三人で、その三人を徹底的に深掘りしていくやり方で、そのほかの出演者はその三人のためのものだった。そして、バウホールの大きさ（小ささ）と三十人から四十人という出演者では、それぐらいがちょうどよかったのだろう。実際、『月雲の皇子』も『翼ある人びと』もすばらしく、とても満足して劇場を出た。

　そういうこともあって、上田の大劇場作品には大きな期待を抱いていたのだが、結果的に三人に絞って芝居をさせ、残りを背景として使ってしまう、いままでのバウ手法そのままだったのが残念でならなかった。確かに人物描写は見事で、天の川をイメージさせる星の光とピアノの音、早霧せいな演じる紀之介（天野晴興）と咲妃みゆ演じる泉と望海風斗演じる源太三人の静かに響く芝居は観客の涙を誘い、特に源太は客の涙腺を崩壊させていたが、大げさにいうと、そのほかの出演者を書き割りにしてもすんでしまうような背景にしかしていないのだ。同じ大人数を出す芝居でも、齋藤吉正のようにいろんなところで別々に芝居をさせているのとも違うし、集団で構成するバスティーユの戦いのシーンとも違う。

　批判を承知でやや強引に、同じ雪組の小柳奈穂子脚本の『ルパン三世――王妃の首飾りを追え！』（二〇一五年）と比較してみよう。『ルパン三世』ではルパン三世、マリー・アントワネット、銭形警部、カリオストロ伯爵が主要登場人物で、ルパンとともにある次元大介、石川五ェ門、峰不二子が次の主要人物だったが、これらの人物が多方向に関係性をもち、さらに各人が独自の舞台で周囲の人物と芝居をすることで次の展開を生む、つまり多くの演者が共演者と出演している意味をもって有機的に場面を編み出していたのだ。例えば、銭形はフランス革命の時代に革命委員に扮し、ともに行動する革命委員と場面を彩る。また、カリオストロは助手のニセ巫女や、不倫する貴族の男女など数人とともに物語の進行に重要な場面を作り上げる。しかも、芝居ができる雪組なので、どこから切ってもいい場面になっているのだ。

　では、『星《ほし》逢《あい》一《ひと》夜《よ》』ではどうか。大人数が出ていても、ほとんどの演者が記憶に残らない。これは、主要人物それぞれの周りでほかの演者との芝居が展開されていくことが少なかったのも一因だ。具体的には、冒頭の子ども同士のシーンは主演三人以外は誰が何人いても背景でしかないし、紀之介を跡取りにと話し合う三日月藩の会議のシーンでの重臣も誰が演じているのかは気にならず、江戸城の宴のシーンでも数々の大名や姫も誰が何を演じても一緒という書き割り状態だった。座りで動きが少なかったことも余計にそう思わせた要因かもしれない。もちろん、徳川吉宗や貴姫は意味のある役なのだが、ほかの場面で絡みがなく、せめて晴興と貴姫の夫婦としての場面や、吉宗と晴興の絆を感じられるような政治に関するやりとりがもう一場面あれば、と残念に思った。また、天文方の猪飼秋定が自分の不始末から晴興とともに行動するようになるのだが、その一件以降は一緒にいるだけでエピソードはなし。一揆鎮圧のシーンも晴興と源太の対決にスポットが当たるあまり、ほかが背景になってしまっていて……。とにかく、三人＋αしか記憶に残らない芝居だった。もちろん、源太と晴興の心の交流は涙を誘うし、特に最後の子ども時代の回想シーンでは誰しも涙腺が緩むものだったが、大劇場の芝居としては疑問が残るのだ。これも、上田ができる人だと思うからいうのであって、決してけなしているのではない。あと

小特集1

雪組『星逢一夜』が面白いワケ

蛇足だが、橋の下での雨宿りのシーンなどは娘役の出番が少なすぎるがために無理やり作ったとしか思えないほど意味もインパクトもなく、何度観てもこのシーンはいらないと思った。

もちろん、主人公たる三人の芝居は本当にすばらしく、これをバウホール公演でやればよかったのにと思う。早霧の美しさはまさに水も滴るようで、青天もよく似合い、殿様をさせると全組のトップのなかでも一番ではないだろうか。藩主になってあまりにも変節するのはやや疑問に感じたが、クールというか冷徹な幕臣として改革を断行していく姿も美しかった。そして、最後に自らを罰してくれと吉宗に頼んで陸奥に流されるあたりはとても人間くさくて感動的だった。ただ、貴姫や猪飼がその後どうなったかは描かれないなど、広げた風呂敷を畳み忘れていた感はあったが。そして、泉の咲妃も相変わらずの芝居のうまさが光った。特に一揆の鎮圧のために三日月藩に戻った晴興とすれ違った際に「知らん人よ」と言う芝居のうまいことには舌を巻いた。咲妃は押し出すことが求められる大事な場面でも、しっかり演じながらも全体のバランスを考えたり相手役をじゃましないように抑えることができるすばらしい娘役で、それは今回も秀逸だった。

望海はこの作品ではいちばんの儲け役で、子ども時代から大人時代、そして一揆の首謀者としても常に客席の耳目を集める芝居の中心で、いつトップになってもおかしくない余裕とうまさを見せつけていた。

そして、専科の英真なおきが改革を推し進める将軍吉宗を厳しさたっぷりに演じたのもすばらしかった。あと、祭りの場面をチョンパを用いてショー的に構成したことは息抜きができてよかったし、楽しめた。

最後に、繰り返しになるが、上田には十人から十五人は物語展開に関わるような内容の脚本を書いてほしい。そのうえで上田芝居の評をしてみたいものである。

一方、ショーの『La《ラ》 Esmeralda《エスメラルダ》』は、一言でいうと激しいラテンショーで真夏にピッタリだった、というところだろう。が、いささか激しすぎるというか、もう少し緩急をつけたほうがよかったのではないだろうか？ 大げさにいうと、激しかった、忙しかった以外は印象に残らなかったのだ。失礼な物言いになるが、やればいいというものではないだろう。齋藤には次回作でバランスがいいものを見せてほしいものだ。

雪組はいまとても安定していて、かつ力がみなぎっているし、下級生も育っているバランスがいい組になっている。この組のいい面を伸ばしながらも新たな一面を見せてくれるような、そんな演目、脚本・演出を今後期待したい。

小特集2

花組『ベルばら』台湾上陸！

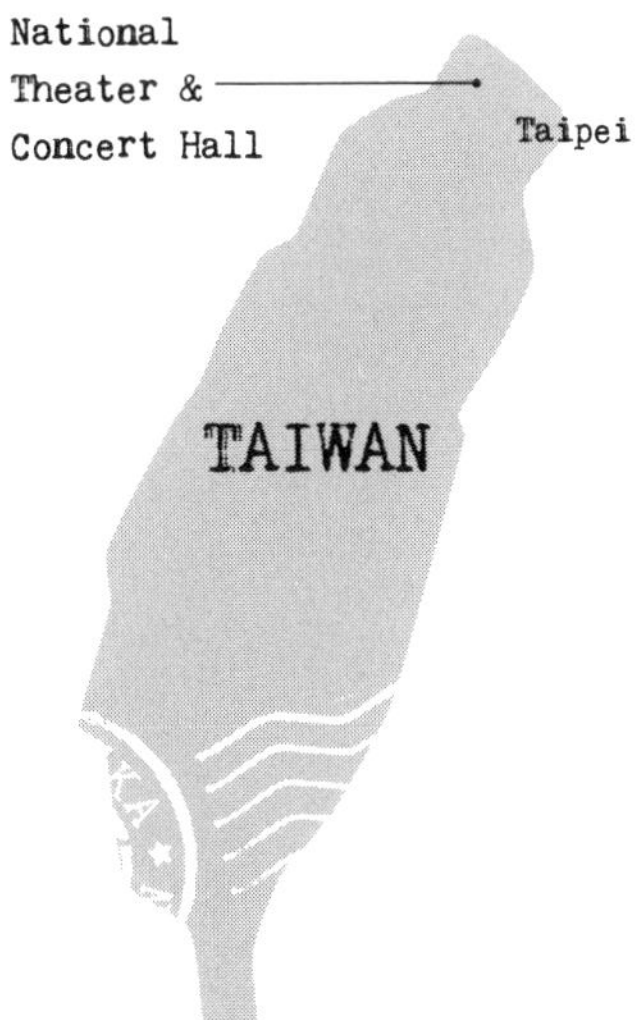

花組

ベルサイユのばら
フェルゼンとマリー・アントワネット編

脚本・演出▶ 植田紳爾

演出▶ 谷 正純

宝塚《タカラヅカ》幻想曲《ファンタジア》

作・演出▶ 稲葉太地

国立中正文化中心台北国家戯劇院［8月］

成果はいかに!? 宝塚台湾公演二〇一五

鶴岡英理子

はじめに

宝塚が二〇一三年に続いて、今年一五年、台湾公演を実施した。

宝塚の海外公演の歴史は古く、まだ「宝塚少女歌劇団」と呼ばれていた一九三八年に、すでに第一回ヨーロッパ公演を実施していて、百年の歴史のなかで、数多い足跡を残している。

だが、これらの公演、例えば記憶に新しいところで、二〇〇〇年のドイツ・ベルリン公演が世界一のロケットを誇るフリードリッヒシュタット・パラスト劇場でおこなわれたことがわかりやすいが、一九八九年のニューヨーク公演、九四年のロンドン公演など、ミュージカルやレビューの本場に打って出る、ある意味「宝塚歌劇」の真価を問う、といった形でおこなわれてきたこれら海外公演の歴史と、二〇一三年、一五年の台湾公演とは、戦略的な意味合いが異なるように思われた。

というのも、この期間を置かずしておこなわれた台湾公演には、宝塚が海外で腕試しをするというスタイルではなく、アジア圏に宝塚のファン層を広げよう、この公演をきっかけに日本に宝塚を観に来る観客を掘り起こそうという、攻めのビジョンが見えたからだ。俗に「爆買い」といわれるアジア圏からの買い物ツアーが、銀座を代表とする東京の繁華街を席巻しているように、いま日本は観光客による経済効果に多大な期待を寄せていて、宝塚もそうした機運に乗ったといえそうだ。現実に二〇一三年の台湾公演で主演を務めた柚希礼音の人気は彼の地でも高く、退団公演の取材には台湾のテレビ局をはじめとしたメディアも多く見られたし、楽屋周辺には「ウォーアイニー（愛している）」と横断幕を掲げている一団もいたほどだ。確実にこれまでなかった波が起きようとしている。

そこから続いた二〇一五年の今回、伝家の宝刀『ベルサイユのばら』（一九七四年初演）と、フェアリータイプの代表格スター明日海りおを擁しておこなわれた再びの台湾公演で、宝塚人気はさらに熱いものに高まることができたのだろうか。現地に飛んだ、また、千秋楽公演の熱気を伝えた中継に臨んだ『宝塚イズム』執筆者たちの、それぞれのレポートをごらんいただきたい。

国立中正文化中心台北国家戯劇院外観（撮影：永岡俊哉）

国立中正文化中心台北国家戯劇院内観（撮影：永岡俊哉）

再びの熱烈歓迎

東 園子

成功裡に終わった初回からわずか二年で、第二回宝塚歌劇台湾公演が実施された。熱気にあふれた現地の様子をレポートしたい。

今回の台湾公演は、街路樹をなぎ倒すような大型台風によって初日の公演が中止になる波乱の幕開けとなった。会場は第一回公演と同じく台北の国家戯劇院で、観劇料金が前回よりも高い強気の価格設定にもかかわらず、売れ行きは好調だった。公演の中日あたりに劇場の窓口でチケットが残っているか聞いてみたところ、キャンセル分が戻ってきたらしい一公演二枚分しかなかった。ただ、係員は端末で販売状況を確認していたので、発売後即完売というわけではなかったのだろう。公演期間が日本のお盆休みの時期にあたり、宝塚友の会でもチケットが取り扱われたので、前回に比べて日本のファンも観にいきやすくなった。ただ、観客の多くは、第一回と同様、現地の老若男女の人たちだった。

前ものの『ベルサイユのばら――フェルゼンとマリー・アントワネット編』は、通常は一本立てで上演される脚本を百分に短縮したものである。台湾公演のために、幕開きの背景に北京語で「ベルサイユのばら」と書かれ、「ご覧なさい」という歌も最初だけ北京語で歌われた。オスカル・フランソワ・ド・ジャルジェとアンドレ・グランディエのラブシーンがカットされた以外は、ハンス・アクセル・フォン・フェルゼン中心のバージョンの主だった場面があったが、ダイジェスト版という印象は否めない。原作マンガは台湾でも現在四十代ぐらいの女性の少女時代に人気があったそうで、また劇場の入り口では北京語のあらすじ・人物相関図も配布されていたものの、物語がよくわからなかった観客もいたようである。

興味深かったのが、日本の公演とは異なる場面で笑いが起きていたことだ。パリの橋の上で銃弾に撃たれて倒れ込んだアンドレが何度も立ち上がったときや、フェルゼンが王妃救出に向かう場面のあと、獄中のマリー・アントワネットの「最後の面会人」として登場したのがメルシー伯爵だったとき、またメルシー伯が懐からステファン人形を取り出したときなどに、意外性があったのか笑い声が聞こえた。だが、アンドレやオスカルが死ぬ場面や、フェルゼンがアントワネットと別れる牢獄の場面では、日本の劇場と同様、涙を流す観客の姿が見られた。

物語はフェルゼンが主役だったが、より観客の心をつかんだのはオスカルだったようだ。同行した台湾の二十代の女性たちも、幕間で「オスカルがかっこいい！」と興奮ぎみに話していた。今回の脚本ではオスカルの登場場面が少なく、オスカルの物語やその魅力が観客に伝わるのか懸念していた。だが、オスカルは、パリで反旗を翻して市民の側につき、アンドレの死を乗り越え、バスティーユの戦いに勝利し息絶える一連の場面だけで、十分成立する役なのだと感じた。オスカルを演じた柚香光は台湾でファンを増やしたことだろう。プログラムの柚香の写真を指さしてはしゃぐ彼女たちを見ながら、『ベルばら』の初演（一九七四年）でオスカル役の榛名由梨が人気を博したときもこんな感じだったのだろうかと想像した。

台湾公演に先駆けておこなわれた梅田芸術劇場での公演から特によくなったと感じた出演者は、花乃まりあと柚香である。花乃はチュイルリー宮殿で王妃として生きる決意を歌う場面で、ヒロイン役者らしいきらめきを感じた。柚香はかつらがよくなり、芝居がこなれて熱が増した。若い生徒の成長の早さを実感した。

ショー『宝塚幻想曲《タカラヅカファンタジア》』は、大劇場公演から中詰めの楽曲と振り付けが一新され、街中でも耳にした台湾の有名な曲「追追追」が日本語で歌われた。ラインダンスが中詰めのあとに移動して、「風に舞う花」の場面のあとは男役スターたちが台湾の楽曲「現在就是永遠（OAOA）」を歌い、娘役に囲まれた明日海りおが歌うフィナーレナンバーが閩南語（台湾語）の曲「望春風」に差し替えられた。また、梅田芸術劇場公演よりも北京語に置き換えられた台詞が増えていた。梅田では客席降りがあったが、台湾ではオーケストラボックスの部分を銀橋の代わりに張り出し舞台にして、スターたちが観客に近づく演出をしていた。

客席からひときわ大きな歓声が起こり盛り上がったのは、やはり台湾の楽曲を使った場面である。

『ベルばら』ではやや退屈そうにしていた男性客も、これらの場面になると身を乗り出して笑顔で観劇していた。中詰めは大劇場公演よりも和太鼓が最初から目立って、明日海が舞台上で早変わりをしていることがわかりやすくなり、テンポもよくなった。「OAOA」は、観客に一緒に歌うよう呼びかけたりして、ポップミュージックのコンサートのようなノリだった。「望春風」は閩南語の曲ということもあってか観客の反応が最もよく、明日海が一くさり歌うごとに大きな拍手と歓声が沸き起こっていた。

第一回と第二回の台湾公演を両方観た複数の台湾の人が、「今回の演目のほうが気合が入っているように感じた」と語っていたのが興味深かった。私から見れば、舞台の豪華さなどはどちらも大差なく、前回の作品のほうが海外公演のために作られた特別な感じがした。だが、台湾の観客からすると、前回の日本物のショーや中国物の芝居より今回の洋物の芝居のほうが宝塚らしく思えていいのだろう。前回公演時から「『ベルばら』を見てみたい」という声が聞かれた宝塚の代表作が上演されたのもうれしく感じられたのだろうし、芝居＋ショーという日本での基本形と同じ公演形態であることも〝本場〟に近い印象を与えたのかもしれない。前回もショーで台湾の楽曲が使われていたが、今回のほうが観客の反応がよかったように感じた。回数を重ねるごとに、演目の選定はより重要になるだろう。

ただ、舞台脇の字幕の翻訳には不満の声が聞かれた。特に、『ベルばら』でアンドレが歌う「白い香りの芳しく」という歌詞は、オスカルの存在の香り高さを表しているのに、体の香りが芳しいと訳されていて、アンドレが変態に見えると不評だった。「追追追」も、日本語で歌うとだけ書かれて歌詞が訳されていなかったが、スターたちが歌う日本語歌詞の内容を知りたかった観客も少なくなかったのではないか。

今回はもともと夜公演だけの日の昼に初日の代替公演がおこなわれたこともあって、八日間の公演期間中、休演日がなく一回公演の日も二日だけという、前回を上回る過密スケジュールだった。公演前も明日海らは取材対応やイベント出演があったはずである。慣れない外国での公演はいつもより生徒たちの負担が大きいだろうし、休演者が出ては普段以上に大変だろう。コストがかかる海外公演では通常より公演数が多くなるのは仕方ないだろうが、出演者にとってはあまりに過酷だったのではないか。誰も休演することなく千秋楽を迎えて安堵した。

幸運にも通常の公演と千秋楽を観劇することができたが、客席の反応に違いを感じた。千秋楽はひときわ歓声が大きく、拍手が起きるタイミングが日本の劇場に近かった。また、リピーターが多いためか『ベルばら』で特に大きな笑いは起きず、「望春風」でも歌の合間合間では歓声が上がらずに曲の区切りでだけ盛り上がった。「ＯＡＯＡ」と「望春風」の場面では、インターネット上で呼びかけがあったらしく、花組カラーのピンクのペンライトを振る観客がいたのだが、それがかなりの数にのぼっていて、千秋楽は台湾の宝塚ファンが集結していることがうかがえた。公演の最後に花組組長の高翔みず希と明日海の挨拶があったが、通訳が訳す前の日本語の時点で内容に反応した歓声が上がっていて、ある程度日本語がわかる観客が多かったようである。挨拶のときは多くの生徒が涙ぐんでいた。トップスターとして舞台を引っ張る公演中の凜とした姿とは打って変わって、客席の反応にシャンシャンを持つ腕を振って応えたり、カーテンコールで観客に自分の気持ちを伝えるべく「周さ〜ん、周さ〜ん」と通訳を呼ぶ明日海のかわいらしさは、台湾のファンの心をわしづかみにしたことだろう。

最近、宝塚のライブビューイングが台北でも上映されているが、星組による第一回台湾公演以降、台湾に一定の宝塚ファンがいることが実感できた。『宝塚幻想曲』の大階段の黒燕尾の場面では、前回も使用された「さくらさくら」の曲が使われていたが、星組生の頑張りによって今回の台湾公演が実現し、花組生がそれを受け継いで再び台湾の観客を沸かせていることが感慨深かった。前回は千秋楽の終演後、出待ちに集まった大勢の日台のファンのために、通常は楽屋口に横付けされるバスの駐車位置を変えて、生徒たちがファンの前を長く歩いてバスに乗り込むようにする粋な計らいがあった。それが今回はなく、多数集まった台湾のファンを前に寂しく思った一方で、宝塚の台湾公演が特別なものではなくなり定着していくことを暗示しているようにも感じられた。三度目を期待させる熱狂のなかで幕を下ろした、二回目の台湾公演だった。

次の百年に向けた戦略的な海外公演を!

永岡俊哉

同じ宝塚でも組が違うとこんなに変わるのか?!

これが今回の花組台湾公演の率直な印象である。二年前の星組のときは、全員ではないだろうが、多くの生徒が台湾を楽しみ、「遊びにきたんじゃないぞ!」と上級生から叱られるほど盛り上がっていたし、観客も熱烈歓迎のムードが尋常ではなかった。しかし、今回は台風で初日が中止になってしまうなど、公演の盛り上がりに文字どおり水を差された格好になった。また、何人かの生徒は台湾料理が合わずに、日本から持ち込んだレトルトごはんなどでなんとか凌いでいたようだし、台風で水道が機能せずに白濁した水で入浴しなければならない日が続いたことも精神的にきつかったようである。しかし、台風の翌日の八月九日から休演日なしで八日間おこなった十四公演は、チケットもほぼ完売で成功を収めたといってもいいだろう。では、公演そのものは台湾でどう受け取られたのだろうか。

今回は明日海りお率いる花組のうち三十八人に専科の汝鳥伶と美穂圭子を加えた総勢四十人の生徒で台北に乗り込み、演目は『ベルサイユのばら――フェルゼンとマリー・アントワネット編』とショー『宝塚《タカラヅカ》幻想曲《ファンタジア》』の二本立て。星組のときは日本物のショーと台湾の伝統的な物語の芝居とショーの三本立てで、初めての台湾公演を慎重に計画したことがうかがえるが、今回は星組の大成功をふまえてThis is TAKARAZUKA ともいえる『ベルばら』を投入したのである。ただ、この『ベルばら』が今回の公演ではややマイナス要因になってしまった。

私は九日の十九時三十分公演を観劇したのだが、ほぼ満席状態の台北国家戯劇院は開演前から観客の期待と熱気に包まれていた。このあたりは星組のときとなんら変わらない。今回も台湾の人の期待値は相当高そうだった。

そして冒頭、鐘の音に続いて明日海の中国語での開演アナウンスが流れると、劇場は一気に『ベルばら』の雰囲気に包まれた。そして、中国語で「ベルサイユのばら」と書かれたカーテンを前に小公子と小公女たちが「ごらんなさい　ごらんなさい」を中国語で歌いだす。ゴージャス極まりないプロローグから、めくるめく宝塚の魅力が匂い立つ。明日海りおと花乃まりあのデュエットダンスの美しさ。美穂圭子の美声がそれに拍車をかける……。舞台が狭いのが残念だったが、それでも宝塚歌劇の魅力は十分に伝わっただろう。

しかし、梅田芸術劇場のときからわかっていたことではあるが、一時間半に短縮されているのでここからはジェットコースタースピードの進行になり、徐々に客席の雲行きが怪しくなっていった。一言でいうと、『ベルばら』を知らない初見の人にとってはわけがわからない進行になってしまったのだ。『フェルゼンとマリー・アントワネット編』なので仕方がないとはいうものの、オスカル・フランソワ・ド・ジャルジェが父親からジェローデルとの縁談を持ち掛けられる場面もアンドレ・グランディエがオスカルに毒ワインを盛る場面も、さらには「今宵一夜」もないためにオスカルとアンドレの複雑な関係性が見えてこない。ただの友達にしか見えなかったといっても過言ではない。オスカルのハンス・アクセル・フォン・フェルゼンへの思いもアンドレがフェルゼンに別れのシーンで告げるだけで、これも実感として湧いてこない。そもそも、オスカルが女性であるということさえ伝わらなかったと思う。このへんは台湾で観ても、梅芸で感じた違和感がぬぐえなかった。となると、文化の土台が違う台湾の観客には理解しづらかったことが推察される。その危惧が爆笑という形で出てしまったのが、アンドレが橋の上で撃たれて死ぬシーンだった。台湾の人の感覚なので仕方ないのだが、アンドレが一度撃たれて倒れてから歌いだすときに笑いが起き、さらに撃たれて倒れてから再度立ち上がりオスカルに末期の一言を言うシーンでは爆笑といってもいいほどの笑いが起きてしまったのだ。あんなに感動的なシーンが、である。演じている芹香斗亜はかなりやりにくかっただろう（この点については、芹香が翌日から死に方に工夫を凝らしたようで、私が二回目に観た十日夜公演では笑いは減っていた）。

とはいうものの、さすがにバスティーユのシーンや牢獄のシーンでは最高潮に盛り上がり、大きな拍手のなかで『ベルばら』の幕が下りた。

一方、ショーは宝塚らしいパワフルさに日本的要素や中国語の歌も取り入れた『宝塚幻想曲』で、音楽が始まり開演アナウンスが流れると、観客は「待ってました!」とばかりに大きな拍手と声援を送り、劇場は終始熱気と興奮に包まれた。ゴージャスな衣装と華麗な群舞に、「ヒャー」という歓声と拍手が起こり、舞台上の演者はさらにそれに乗せられるように歌い、踊る。明日海が笑顔をふりまくと黄色い声が飛び、芹香や瀬戸かずや、柚香光、鳳真由が舞台の前に出てウインクを飛ばすと握手の手が伸びる。また、明日海や斗亜(芹香)などと書かれた手作りのうちわで応援する観客もいて、劇場のボルテージは上がっていく。そしてそれに応えて笑顔と握手をプレゼントする男役たち……。星組の『Etoile《エトワール》 de《ド》 TAKARAZUKA《タカラヅカ》』(二〇一二年)の際の反応に勝るとも劣らない。台湾の観客は熱いショーが好みだということだろう。

一方、娘役も専科の美穂が歌唱力で劇場を圧倒したのをはじめ、芽吹幸奈や白姫あかり、菜那くらら、仙名彩世らが見事なダンスや衣装さばき、それに輝くような笑顔に歌唱といった一級品の娘役芸で舞台を華麗で豪華なものにしていた。また、和太鼓の生演奏や三味線などの日本のテイストを盛り込んだ場面もあり、台湾の人にこれぞ宝塚のショーだと思ってもらえたのではないだろうか。また、デュエットダンスには「花は咲く」を使い、震災復興やその支援に対する感謝の思いにふれたものにもなっていた。

そして、フィナーレ前に明日海が「望春風」という台湾の国民的な歌を歌うシーンでは、拍手と声援が最も大きくなったのはもちろん、客席からも歌を口ずさむ声が聞こえるなど大いに盛り上がって、三時間の公演を締めくくった。

ただ、ハードスケジュールのためか台風ショックのせいか、生徒にかなり疲れが出ているようで、九日は黒燕尾の群舞などで、動きに硬さというか、ずれが目立ったのが残念だった(これも十日には改善されていて、きれいにそろって気迫に満ちた花組らしい黒燕尾に戻っていて安心した)。

一方、ロビーの売店ではパンフレットやクリアファイル、Tシャツなどのグッズに行列ができ、売れ行きもなかなかのようで、一人でパンフレットを何十冊も買ったり、クリアファイルを大量に買っている人も見かけた。ただ欲をいえば、キャトルレーヴ丸ごととはいわないものの、もう少し品数を増やしてほしかった。台湾への輸送が大変だという話は聞いたが、現地の客の立場でいえばこのときしかチャンスはないわけで、もう少し組子の写真やポストカードなどが買えたらうれしかったのではないだろうか。

台風で初日が中止というアクシデントに見舞われたものの、それ以外では大過なく公演は終了した。興行的にもまずまずの成果だったと聞いている。二年前は熱い星組、今回は伝統の花組が公演したのだが、台湾でのさらなる宝塚ファン作りのためにも、また組を替えて別の演目で公演することを望む。ただ、その際には現地調査もしっかりおこない、感動的なシーンで笑いが起こらないようにしてほしい。そして、海外公演としては台湾が続いたが、また別の国を開拓してもいい時期にきているのではないだろうか。百周年の資源を使い果たして一年が過ぎようとしているいま、日本が誇るアニメと同様に海外での宝塚ファンを作るためにも、次の百年に向けた海外戦略を期待する。

伝わる現地の熱狂と感動

木谷富士子

柚希礼音率いる星組メンバーが第一回台湾公演を成功させてから一年半、明日海りお率いる花組メンバーの第二回台湾公演が八月八日から十六日まで台北国家戯劇院でおこなわれた。残念ながら台湾に駆けつけることはできず、日本でのライブビューイング観劇となったが、拍手や歓声といった客席の熱気が大画面から迫力たっぷりに伝わってきた。以前は舞台は生でこそ意味があると思っていたが、『タカラヅカスペシャル』を映画館で観て以来、退団公演などチケットが手に入らないものについてはちょくちょく利用している。思っていた以上に臨場感があってアップも観られるし、十分に楽しめる。

花組台湾公演は初日がちょうど台風と重なって休演になるというアクシデントにも見舞われたが、あとは予定どおりスケジュールをこなし大成功の公演だったようだ。チケット代金はSS席四千八百台湾ドル（一万八千円）、S席四千二百台湾ドル（一万五千七百五十円）、最低のD席でも千六百台湾ドル（六千円）と日本での観劇と比べてもかなり高い。二百万円にも届かないといわれる台湾の平均年収や物価などに比べても、かなりの高額チケットであることは確かだ。それが前回の星組公演に引き続き今回も完売だったという。

台湾メディアも「二度目の台湾公演は誠意満点で特に黄妃の「追追追」、五月天の「ＯＡＯＡ」なども改編して使われ、「跟我來」（ついて来て）「好帥」（かっこいい！）などの台湾語の台詞もはさみ、宝塚の台湾観衆の重視が見て取れた」（「自由時報副刊」二〇一五年八月十日付）などと好意的に紹介している。

日本と台湾には不幸だが密接な歴史的関係がある。ある一定年齢以上では日本語がわかり、いまでも台湾の人々がいちばん親しみを感じる国は日本だという。日本といえば野球と宝塚という台湾人も多いという。実際台湾では、一九八〇年代以降解散しているがそれまで女性だけの歌劇団がいくつか存在していて、「台湾宝塚」と呼ばれて人気を博した歌劇団もあった。そんな宝塚を受け入れる土壌があり、日劇ダンシングチームやＳＫＤ（松竹歌劇団）は早い時期に台湾公演をしているのに、宝塚の台湾公演は星組が初めてだったということが逆に驚きだ。

台湾の有名な演劇評論家の邱坤良（台北芸術大学教授）も、今回の公演について専門家の評判は好評なものばかりではないが、宝塚の華麗さと類型化された演出スタイルが日本に憧れる観客を引き付け、将来きっと台湾で安定した集客力をもつようになるだろうとしている。商業公演の最初の地として台湾を選んだ歌劇団の選択は間違っていなかったようだ。

さて、今回の公演内容だが、『ベルサイユのばら――フェルゼンとマリー・アントワネット編』と『宝塚幻想曲《タカラヅカファンタジア》』の二本立て。海外公演に『ベルばら』をもっていったのは韓国公演（星組、二〇〇五年）に次いで二度目だ。

二幕構成のものを一幕にまとめたため駆け足なのは否めないが、一幕ものとしても十分成立するのだなというのが正直な感想。かえってへたなエピソードなど冗長な場面が削られてスッキリした感じ。それにしても、二幕ものでもマリー・アントワネットとのボートの場面もなかった壮一帆の『ベルサイユのばら――フェルゼン編』(雪組、二〇一三年)はいったい何だったのか。

ただ、今回アンドレ・グランディエが撃たれて死ぬ橋の上の場面で、台湾の観客から笑いが起こったことが伝えられて残念な気持ちになった。撃たれても斬られてもなかなか死なずに引っ張るのは元来歌舞伎の手法で、「たっぷり!」というかけ声がかかりそうな見せ場だ。日本の宝塚ファンのなかにも瀕死でも歌ってしまうアンドレを変だとする向きはあったが、おかしくても日本人なら自分の席で肩を震わせるだけで絶対に笑い声は立てないだろう。それが台湾では、そういう場面に慣れていないのと、感情がダイレクトな国民性からくるのだと思う。日台間の悲惨な歴史、霧社事件を扱って大ヒットした台湾映画『セデック・バレ』(監督:ウェイ・ダーション、二〇一一年)でも、セデック族にやられて日本人の首が次々と飛ぶ壮絶な戦いの場面で笑いが起こったという。それを聞いたときは一瞬反日感情からのものかと思ったが、きっと首が飛ぶような戦いの場面がCGの戦闘シーンのようで、純粋に滑稽で面白く感じたのだろうといまでは思う。翻って、ショーでの歓声や拍手は爆発的で、同じアジア人でありながら日本人とは違うストレートな感性を感じる。アンドレを演じた芹香斗亜には気の毒だったが、歌劇団にとっても今後の公演を考えるいい勉強になったのでは。

そして主演の明日海りお。明日海はハンス・アクセル・フォン・フェルゼンというより、本来ならばオスカル・フランソワ・ド・ジャルジェのイメージだが、フェルゼンも似合うというのは中日劇場で実証ずみ。渾身の「駆けろペガサスの如く」はぐっと胸にきて鳥肌が立った。フェルゼンの自意識過剰な部分も、誠実な芝居と台詞回しで明日海が演じると嫌みがない。疲れると台詞を噛みがちになるが、今回の千秋楽ではそういうこともなく安心して観ていられた。

花乃まりあも『Ernest in Love』(花組、二〇一五年)のグウェンドレンのような勝ち気でかわいい役がはまり役と思うが、硬質な声も牢獄では柔らかく工夫していて予想以上にアントワネットになっていた。明日海と二人で並ぶと、月並みだがフランス人形のように本当に美しい。

芹香のアンドレは出番が少なく、唯一の見せ場の橋の上の場面が笑われてしまったが、その後演技を工夫し千秋楽では静まり返った客席だった。柚香光のオスカルはなんといってもビジュアルが完璧で、台詞もよかった。「今宵一夜」の場面がないせいか女っぽさを感じることなく、違和感がないまま凜々しいオスカルで死んでいった。アンドレの死の悲しみから、「シトワイヤン、彼の死を無駄にしてはならない」と意を決して衛兵隊長へ切り替わる表情が見事だった。

ショーは日本でも好評だったもので、人数が半分以下になっても十分な迫力で、台湾の観客の歓声に組子たちも乗せられて盛り上がった舞台だった。「追追追」「ＯＡＯＡ」「望春風」の台湾のポピュラーな楽曲三曲を取り入れ、特に「ＯＡＯＡ」の芹香、柚香、瀬戸かずや、鳳真由ら四人のアイドル並みのアピールがかっこよくて客席からも嬌声が上がっていた。なかでも柚香のはじけっぷりが目を引き、多くの台湾ファンを引き付けたことだろう。

いままでの海外公演の流れを見ると、例外はあるもののほとんどがジャパニズムを強調したものだった。親善公演の文化紹介なら仕方ないが、これから商業ベースでやっていくのなら日本を強調する必要はない。毎回仏教色を織り込んだり、和太鼓が鳴り響く必要もない。特に同じアジアの台湾であれば、オリエンタリズムは売り物にならない。台湾の若者ファンを増やしていくには、むしろ日本と同じようなラインアップでありのままの宝塚を好きになってもらうことがいちばんだと思う。舞台装置など、日本の専用劇場のようにはいかないが、今回は臨時の銀橋のようなものが作られていて、銀橋の視覚的・精神的効果を実感した。そういうものを含めて宝塚文化そのものをそのまま伝えたい。

私は国粋主義者でも愛国主義者でもないが、台湾の地で宝塚を、日本を背負って頑張っている組子たちを見ると胸がいっぱいになった。そのうえ明日海の涙の千秋楽挨拶を見るともう泣かずにはいられない。明日海の中国語での挨拶はとてもきれいな発音で、そこに立つまでの努力と練習に思いを馳せた。細い肩にどんな大きなプレッシャーがかかっていたことだろう。どうかゆっくり休んでほしいと思うのだが、十六日に千秋楽を終えて帰国後、二十一日はもう次なる『新源氏物語』（花組、二〇一五年）の集合日だった。柚希の退団後、明日海にはいっそうのザ・宝塚としての重責がかかってくるだろうが、どうか潰れることがないよう、ただそれだけを願ってやまない。次は『源氏物語』などの日本物を台湾にもっていったりするのだろうか。今度こそ現地でその空気を肌で感じたい。

2015.5-11

公演評

東京宝塚劇場［2015年5▼6月］

花組
▼カリスタの海に抱かれて
▼宝塚幻想曲《タカラヅカファンタジア》

『カリスタの海に抱かれて』
作◆大石 静
演出◆石田昌也

『宝塚幻想曲《タカラヅカファンタジア》』
作・演出◆稲葉太地

宝塚歌劇ここにあり！の優れた二本立て

鶴岡英理子

明日海りお率いる花組の大劇場二作品目であり、トップ娘役に花乃まりあ、二番手男役に芹香斗亜、三番手男役に柚香光という、現在の宝塚の布陣のなかでも一気に若返った「新花組」の東京お披露目でもあった公演。明日海中心のショー作品は初めてとあって、注目が集まる興行になった。

まず『カリスタの海に抱かれて』は、テレビドラマの脚本家として活躍を続ける大石静に作劇を依頼し、宝塚の石田昌也が演出を担当したオリジナルミュージカル。二〇一一年に宙組で上演された『美しき生涯』以来の組み合わせで、今回は地中海に浮かぶフランス領の架空の島カリスタを舞台に、大革命勃発の時代にフランスからの独立を期す人々の姿が描かれていく。

百一年目の新世紀を迎えた宝塚は、伝家の宝刀『ベルサイユのばら』（一九七四年初演）に続く次の世紀への代表作を模索しているようで、その過程で、おそらく意図したことではなかったのだろうが、さまざまな切り口でフランス大革命の時代を扱った作品が頻出した。だがそれらのなかで非常に面白かったのが、宝塚の座付きではない大石の書き下ろしたこの作品が、最も宝塚的な、どこか大時代なラブロマンスの要素を色濃く有していたことだ。

同じ日に生まれ兄弟のように育った少年二人が、運命を分かち、やがて成人して敵対する立場で再会する。しかも二人は同じ女性を愛してしまう。島には独立運動の嵐が吹き荒れ、その渦中にさまよう三角関係の結末は？と書き出しただけで、まるで往年の少女マンガのような、怒涛のラブストーリーぶりに改めて感心してしまうほどだ。ここに火刑のシーンでは炎のダンサーが、トップコンビが恋に目覚めるシーンではオリーブの精が、さらに革命を描いた動乱のパリでは市民たちが、それぞれダンスシーンを展開する。世の中にミュージカルがこれだけ定着し、あふれているからこそ、この宝塚でしかできないクラシックさは貴重に感じられた。

もちろん、百周年から次の世紀に向かっている宝塚歌劇の作品として、この一編が古いと感じる向きもあるだろう。同じフランス大革命を扱ったのが『ルパン三世――王妃の首飾りを追え！』（雪組、二〇一五年）であり『１７８９――バスティーユの恋人たち』（月組、二〇一五年）である以上、そうした評価が出ること自体はやむをえないというよりも、必然とさえいえるかもしれない。

けれどもだからこそ、私はこの作品のクラシックさを評価するし、得難いものだと信じる。宝塚歌劇の歴史は挑戦の歴史だし、挑戦あってこその百年であることは十分承知しているが、一方で、大上段のラブロマンスもまた、次の百年に向けて必要不可欠なものにほかならない。なぜならこの世界観は、女性が演じる理想の男性である「男役」と、その男役に対峙するやはり幻想の女性である「娘役」を擁する宝塚歌劇でしか成立しないものだからだ。男女で演じるべく作られた一般作品を、女性だけの宝塚で演じられることを誇ることも悪くはないが、ここでしかできない作品もまた同等に、いや、それ以上に誇れる価値がある。そんな世界を「宝塚ファン」を公言する大石がてらいなく書き下ろしたのは、やはり注目に値する。今後も宝塚には、こうした宝塚を愛している外部の血を入れることにも積極的にトライしていってもらいたい。自らを「現場監督」と称した石田の仕事ぶりも的確だった。

そんな、宝塚ならではの世界で主演を務める明日海りおがすばらしい。冒頭、主人公シャルル・ヴィルヌーブ・ドゥ・リベルタ（カリスタ時代の呼び名はカルロ・ヴィラーニ）が故郷カリスタに久々に帰ってくる。そのセリ上がりからの晴れやかな笑顔一つで劇場空間を掌握してしまうスター性と華やかさには、まさに圧倒的なものがあった。誠実で気品があり実行力もあるが、女性にだけはちょっと奥手……という役柄の造形が明日海にピッタリで、陽気だが多分に直情的で粗野な島の男のなかで育ったヒロインが、一目で恋に落ちてしまうことを一も二もなく納得させるヒーローぶりが見事だ。カリスタを統治するフランスの新任司令官でありながら、故郷カリスタを無血独立に導くために、独立派に武器を横流しするという相当に危ない橋を渡っている最中に、ヒロインにせがまれてドレスの横流しもしてしまうある意味の能天気さが、真摯に取って代わるところなど、明日海マジック、男役マジック、つまり宝塚マジックの最たるものだった。歌唱力にもますます磨きがかかり、余裕さえ感じさせる歌声が心地いい。

そのシャルルに恋するヒロインのアリシア・グランディーには、これがトップ娘役デビューの花乃まりあ。思ったままを口にし、その言葉遣いも荒っぽいが、ひまわりのように明るい娘、というこの作品ならではのヒロイン像を的確に表現している。宙組での新進娘役時代から新人公演で続いた大役の経験で得たヒロイン力が、花組で一気に花開いていて、今後が楽しみなデビューとなった。それにしても「きれいなドレスが着てみたい」という女の子らしい夢をもち、どんな状況になろうともその一点だけは譲れないというアリシアの言い分には、女性作家ならではの目線を感じる。「うん、あるある」といったところ。

シャルルと同じ日に生まれ、いまは島の独立運動のリーダーとなっているロベルト・ゴルジには、やはり二番手男役として初登場の芹香斗亜。明日海と対等に、さらに兄貴分的に振る舞う必要のある役どころで、おそらく作劇の初めには雪組の二番手男役として転出した望海風斗が想定されていたと思うから、若い芹香には大きなチャレンジになったことだろう。だがだからこそ、島の独立運動の象徴的存在で火刑に処されたアルド・アルフォンソ（高翔みず希）の予言どおりに、アルドの命日に生まれたから自分がリーダーに祭り上げられているだけで、本当に自分にその資格があるのか?と惑う役柄の心許なさが、芹香のジャンプアップした立場を懸命にこなす姿と重なる効果があった。コンプレックスもあり、裏返しの自負もありの面白いロベルトだった。そして、この作品中唯一の実在の人物、若き日のナポレオンを演じた柚香光の、ある意味の破壊力が効いている。少ない出番を印象的にするために、独特の笑い方をする設定になっているが、その仕掛けが不要に感じられるほど、柚香本人が目立ちまくっていて、ラストシーンのあっと驚く大逆転を見事に支えてみせた。作品全体の飛び道具のような役柄でもあり、それに応えた柚香の存在感には比類ないものがある。カリスタに待っている次の運命も暗示させて、甘いラブロマンスに適度な苦みを与える役柄としても、十二分に機能していた。苦みといえば、専科の美穂圭子が演じたアルドの未亡人アニータ・ロッカが説く「人生とは諦めること」という言い分もかなり苦く、こうしたバランスで作劇が成り立っていることにも、作者の周到さを感じる。美穂の歌唱力も存分に生き、大きな役柄を好演していた。ほかに鳳真由の温かさ、新加入の鳳月杏の律儀さ、花野じゅりあのきっぷのよさをはじめ、豊富な人材の適材適所が光るが、姿も個性もいい瀬戸かずやには、もう一息役柄に深みを与える研究をしてほしい。

そんな花組メンバーが躍動したレビューロマン『宝塚幻想曲《タカラヅカファンタジア》』は稲葉太地の作。台湾公演用のレビュー作品として、春夏秋冬を追いながら太鼓や三味線など、巧みに和の要素を取り入れ、しかもそれが絶妙なさじ加減に納まった構成が生きている。「ファンタジア～」と高らかに連呼される主題歌も伸びやかで、全員で明日海に舞台いっぱいの羽根を羽ばたかせるプロローグから、ストーリー性の高いシーン、また次々とスターを見せるシーンと、テンポよく快調に進むレビューは、桜をテーマにした圧巻のフィナーレまで文字どおりのあっという間。まだ百一年の宝塚レビューの全作品は出そろっていない段階だが、今年（二〇一五年）のレビュー&ショー作品のなかの白眉ではないか？と思えるほど優れた仕上がりだった。台湾で「これぞ宝塚！」として上演されることが誇らしい気持ちになるレビューで、明日海、そして芝居から引き続いて出演した専科の美穂が支える歌唱面の充実も含め、文句のつけようのない作品になっている。総じて、宝塚歌劇ならではのよさが詰まった、充実の二本立てがそろったことを心から喜びたい。

懐かしい器に新しい脚本——洋レビュー＋和!?

小咲福子

大石静が『美しき生涯』（宙組、二〇一一年）に続いて書き下ろした二作目。演出は引き続き石田昌也。大石にとって、宝塚の男役に演じさせたい理想の男性像は共通しているようだ。周囲からは理解されない新しい考え方の持ち主。しかし、そのことを決してひけらかさない。苦労して育ったが、品位は高い。今回の主人公シャルル・ヴィルヌーブ・ドゥ・リベルタ（カルロ・ヴィラーニ）は特に、親が島民たちを裏切ってフランス側についたということで島を離れ、その後誰の庇護も得ずに孤独に過ごしたというから、どうしてそんなに高潔な人格に育ったのか、いささか疑問を感じないでもない。しかしそこは男役マジックで、美しい明日海りおの顔立ちとたたずまいで納得させられてしまう。これは『美しき生涯』で大空祐飛が演じた石田三成も同様だった。

ヒロインのアリシア・グランディーも『美しき生涯』の茶々と同様、勝ち気でずけずけとものを言う。この造形が宝塚のヒロインには珍しく、現代の女性からすれば等身大で共感しやすい。「世界中の女は、みんなきれいな服が着たいんだ」と率直に語り、独立運動をしながらいったいいつドレスを着るのか、とカルロに聞かれて「あんたの前で着る」と臆面もなく答える正直さもかわいらしい。花乃まりあの意志の強そうな顔立ちと、おそらく地は低いであろう特徴的な声がこの造形によく合っていた。

そんな二人が、昨今からすれば懐かしいとも感じるラブシーンを演じる。小池修一郎や植田景子の作品ではなく、植田紳爾の作品で見られるような、二人の周りを花の精が舞い踊る場面は、うっとりした気分に包まれる。昔風の演出はほかにも、突然の動作に効果音がかぶさるなど随所に見られ、「宝塚を観た！」という満足感が得られた。しかし、これを古くさいと感じる向きもあるだろう。

　また、アリシアが、自分の発言がどのように受け取られるかを考えずにしゃべってしまったために、事態が悪化する局面がいくつかあり、なかなか興味深かった。リアリティーがある台詞と、それによって人物がそれぞれに感情を動かした結果、物語が展開していくという脚本は、宝塚歌劇ではそう多くは見られない。ドレスを着て、ウエストをきつく締め上げることに驚くアリシアに、後ろからウエストのリボンを締めながら「緩くするかい？」とカルロが聞くやりとりなどは、女性脚本家だからこその具体的な描写だろう。

　このように、演出や男役の人物造形には「型」を用いながらも、そこに注がれる脚本と娘役の人物造形にはリアリティーがあるという不思議な構造。おそらく多くの観客は娘役に感情移入するだろうから、入り口にリアリティーをもたせながら、中はやや古

風な夢の世界というのは、なんともぜいたくで面白い仕掛けではないだろうか。脚本家も演出家もそのことは意図していないだろうが、今後もこうした作品を期待する。

　さらに本作は、フランス革命物の新しい視点を提示した。『ベルサイユのばら』（一九七四年初演）を看板演目としてきた宝塚歌劇団で、それ以外のフランス革命物ではそう頻繁には登場しなかった。今世紀に入ってからは、『二都物語』（花組、二〇〇三年）があるが、一九八五年の月組公演の再演である。『永遠の祈り』（星組、二〇〇三年）はフランス革命から数十年後の王政復古の時代。ところが、『THE SCARLET《スカーレット》 PIMPERNEL《ピンパーネル》』（星組、二〇〇八年）のヒットを経て、『ジャン・ルイ・ファージョン——王妃の調香師』（星組、二〇一二年）、『愛と革命の詩《うた》——アンドレア・シェニエ』（花組、二〇一三年）、『ルパン三世——王妃の首飾りを追え！』（雪組、二〇一五年）、そして今年の『１７８９——バスティーユの恋人たち』（月組）と、立て続けにフランス革命に関する作品が上演されている。『ベルサイユのばら』における、革命を一律でよしとする視点が、『THE SCARLET PIMPERNEL』で留保されたことによ

って、『1789』のように、革命を推進する側でもブルジョアと底辺の民衆とで差異があるということが描かれる作品も上演されるようになった。本作は、フランス革命を「背景」として、それに乗じて島の独立を実現させるという話である。観客がフランス革命に詳しいという前提で、皇太子や貴族が革命派に捕らわれるシーンを、客席降りならぬ客席上がり（客席から銀橋に上がる）で表現する一コマもあった。今後も、フランス革命を舞台／背景とした作品がさまざまな形で登場することが期待できそうだ。

なお、クライマックスの決め手となるナポレオン・ボナパルト役は柚香光。若き日の美輪明宏を思わせる容姿で入団時から目立つ存在だったが、芝居や歌には不安が多かった。しかし、『風の次郎吉――大江戸夜飛翔』（花組、二〇一五年）では男役度が格段に上がったことを見せつけ、今回のナポレオン役は芝居のあやうさも含めての圧倒的な存在感。作品中の飛び道具としての役目を見事に果たした。

ところで、そのクライマックスにいたるまでの作劇に、疑問がある。主人公カルロがフランス兵に捕らわれ、火刑に処せられそうになるが、幼なじみであるロベルト・ゴルジが率いる独立派は助けにいかない。と思わせておきながら、次の場面では独立派が助けに向かっていて、ナポレオンも同時に到着し、カルロを助け出すことに成功する。この急展開に置いていかれた観客は少なくないはずだ。どうやら、カルロの副官がロベルトに届けた手紙によってロベルトが心動かされ、助けることに転じたようなのだが、一見しただけではわからない。東京公演にあたって、若干、それを示唆する動作が加わったようだが、注意して観なければわからない。助けたあとに台詞ででも、手紙がきっかけだったことを明確に示すべきだった。

レビューは台湾公演のための作品ということで、和太鼓を取り入れながら日本の四季を表現。フィナーレで「桜」の曲に合わせて桜色のドレスの娘役と黒燕尾の男役が踊る場面はとても美しい。また、黄色をベースにした衣装で、タンポポが咲いてから綿毛になって飛んでいくまでの様子を表現した場面も、出演者が一丸となったパワーが感じられた。

しかし、西洋風のレビュー（以下、洋レビューと略記）に「和」を部分的に取り入れた例は珍しいのではないか。これまでは、一九三八年の初の海外公演以来、日本舞踊、または「日本物レビュー」（以下、

公演評 2015.5-11

和レビューと略記）と呼ばれる、西洋音楽の楽団が奏でる曲で、日本独自の題材を歌い踊るタイプのものを中心とすることが多かった。芝居と組み合わせるなどの工夫が重ねられたが、レビューに関しては、和レビューは和だけ、洋レビューは洋だけの要素であった。例えば前回の台湾公演（星組、二〇一三年）は、台湾で有名な逸話を基にした芝居＋和レビュー＋洋レビューの三本立てである。筆者はどちらの海外公演も観劇していないため、現地の反応はわからないが、同じ東アジア圏で「和」はどのように受け止められるのだろうか。ましてや、「洋」と「和」の混合はどうなのだろうか。少なくとも筆者には、洋レビューに「和」の要素として和太鼓などを加えた部分は、融合しておらず逆効果だと感じられた。

出演者で特筆すべきは、月組から組替えしてきた鳳月杏。芝居の達者さと「陰」の色気にはかねてから注目してきたが、組替えが契機になったのか、客席に対してアグレッシブにアピールしてくるようになった。その後バウホールでの主演作もあり、今後が楽しみである。

花組

▼新源氏物語
▼Melodia――熱く美しき旋律

宝塚大劇場［2015年10▼11月］

『新源氏物語』
脚本◆柴田侑宏
演出◆大野拓史

『Melodia
――熱く美しき旋律』
作・演出◆中村一徳

感情移入が難しかった芝居

永岡俊哉

明日海りおが光源氏に扮すれば、さぞや匂い立つような美しさだろう。そして娘役の宝庫である花組の、百花繚乱の和装の競演はどれだけ見応えがあるのだろうか。そんな思いでいそいそと大劇場に足を運んだ『新源氏物語』だが、一つ気がかりだったのは、かつて一本物として上演されたこの作品をどうつまんで一時間半に短縮するのかということ。つまみすぎるとオスカルとアンドレがただの遊び友達にしか見えなかった『ベルサイユのばら――フェルゼンとマリー・アントワネット編』台湾公演（花組、二〇一五年）の二の轍を踏む可能性がある。また、エピソードを目いっぱい入れてしまうと、忙しくて頭がついていかない危険性があるし、そもそも優雅でゆったりとした世界観が壊れる。そして、その結果は……。

まず冒頭は、真っ暗な舞台が明転すると多くの役者が衣装に身を包んで浮かび上がる、いわゆるチョンパのような感じでの登場で、劇場がいきなり源氏絵巻物の世界に！　これは期待どおり。「うわあ！」とか「ほう！」というため息とも歓声ともつかない客席の反応があったのも当然の美しさだった。特に銀橋で後ろ姿から振り向きざまに登場する明日海はこれぞ光源氏といっていい神々しさで、日本物になってもフェアリー感たっぷりで劇場中を魅了していた。二番手芹香斗亜は美しいのは同じだが、雰囲気が現代っ子の弟分といったところで、台湾公演のショー『宝塚幻想曲《タカラヅカファンタジア》』でのバスケットボールのシーンを思い出してしまった。それからくるのか、明日海と芹香の会話は梅田や心斎橋の繁華街で遊んでいる若者のようで時代物に見えないという意見もあるだろうが、ライトで見やすく、宝塚初心者や日本物初心者にはいいのかもしれない。ただ、私としてはもう少し雅な感じを出してほしかった。

そして、この作品の特徴は男役女役問わず、これでもかというぐらいの貴族の物量作戦で、何も考えずに観ていると、とても気持ちがいいのではないだろうか。特に、女性の役がとても多く、花組の娘役の層の厚さが生きる演目となった。花乃まりあは苦しさを表現する芝居が本当にうまい。そして、紫の上の桜咲彩花のかわいさは特筆に値していて、あの笑顔は花組で一、二を争うレベルだ。光源氏が育てるとあんなに笑顔のすてきな、しかも礼儀作法がしっかり身についた女性になるのだと納得できる。もちろん、子ども時代の春妃うららの素直なかわいさもそれにリンクしていて、演技のうまさに舌を巻く。朝月希和、仙名彩世、花野じゅりあなども本当に光っているし、柚香光までもが前半は女性役。ビジュアル面ではめくるめく平安絵巻物を三次元化した最高傑作といえるだろう。人物もセットも衣装もライティングもすばらしい。花組で日本物のショーを観たいと強く思った。

しかし、今作品は物語として筋を理解しようとするとかなりハードだったのも事実だ。登場人物が多すぎて関係性がなかなか理解できないし、相当な速さで物語が展開していくのでお芝居を楽しむことができないのだ。話に置いていかれないようにするだけで精いっぱいで、雅な余韻に浸ることなどできなかったのだ。物語を完璧に追うことは一度の観劇では不可能だといってもいいだろう。役が少ない作品は観ていてつらいしもったいないし、ストーリーの山場が少ないのも面白くないのだが、その逆は逆で本当に困ったものだ。そして、光源氏に関わる（関係を持つ）女性が多すぎて感情移入して観られないことも普通の宝塚作品にはあまりないことで、このあたりの処理もうまくしてほしかった。しかも、今回の作品に限らず、もともと『源氏物語』では紫の上がヒロイン的な扱いだと思うのだが、配役はあれでよかったのだろうかとも思った。

あと、今回の作品で専科の二人は必要だったのだろうか？　もちろん、慣れない日本物をするうえで、ベテランがいるだけで立ち居振る舞いから着物の着こなしまでが締まるというのは理解できるし、実際、桐壺帝の汝鳥伶と弘徽殿の女御の京三紗は実に芝居がうまくて適材適所だと納得した。しかし、年齢的な違和感を覚えたのも事実だし、専科なしでもできるだけの人材が花組にはそろっている。帝は鳳月杏にさせてもよかったと思うし、弘徽殿は白姫あかりにさせる手もあっただろう。そうすれば、帝と藤壺の女御（花乃）のバランスや弘徽殿と右大臣（天真みちる）のバランスもよくなっただろうと思う。

最後に蛇足だが、これがあったらなあと感じたことがある。それは嗅覚に訴えた演出だ。提案だが、香りも舞台にプラスするというのはどうだろうか。平安の王朝物にふさわしいお香の香りを舞台から客席に緩やかに送るシステムを開発してくれないだろうか。ここいちばんという盛り上がったシーンでいい香りがしてくる舞台なんてすてきだと思うのだが。

いろいろ述べてきたが、圧倒的な美しさを味わえることは間違いない。

一方、ショーの『Melodia——熱く美しき旋律』は、派手なのだがソフトな感じで安心して観られたというのが率直な感想。前作の『宝塚幻想曲』が激しすぎたからかもしれないが、しっとりとした秋にはピッタリだと思った。客席降りはなかったものの銀橋渡りはしっかりとあるし、歌もいろんな生徒に歌わせているのがうれしい。もちろん、中村一徳お得意の、全編中詰め的な生徒の限界までパフォーマンスさせる要素はソフトになっても残っていて、客席は満足できたと思う。

二番手・三番手の芹香や柚香のソロが増えているのはもちろん、水美舞斗が目立つシーンも増えていた。鳳月を女役で使って柚香と踊らせているのも見もので、男女のせめぎ合いをダンスで表していて見応えがあった。瀬戸かずやや鳳真由がベテランのポジションで、芹香、柚香、鳳月とともに明日海を支えてメインを張る。世代交代が確実に進行しているのが実感できた。

ダウンタウンジャズのシーンでは芹香はかっこよく、柚香はダンスのうまさで客を魅せ、天真の動きもキレがあってエンターテイナーぶりを発揮していたのがよかった。各人がどうすれば自分がよく見えるかがわかっているし、バランスがとれているので本当にしっくりくるのだ。長いスペインの場面では中詰めとして激しくめくるめく花組の魅力を伝えてくれていた。明日海に花乃のトップコンビが魅せてくれるのは当たり前、先述の鳳月の女役も、鳳の長いソロもあって、どこで息を吐けばいいのかというぐらいパワフルなシーンだった。一方、フィナーレの青年という役にもなっていた水美にもかなり余裕が出てきて、路線の一人として安心して観られるようになっているので、同期の柚香に追い付け追い越せで頑張ってほしい。

　あと、娘役の出番が多くてうれしく感じたのもこのショーの特徴だ。特にフィナーレ前の群舞では娘役にも銀橋渡りまであって、珍しく新鮮だった。また、男役全員そろっての黒燕尾が百一期までも登場するのが圧巻だった。ただ、最近、特に公演が始まって間もないころの花組の黒燕尾がそろっていないのはいただけない。振り付けもいままでと違うし、最下級生まで出ているので仕方ない部分もあるが、人数が多くなるとずれも大きく見えるので、蘭寿とむの時代の黒燕尾を思い出して、最初からしっかりそろえてほしい（台湾公演でもそうだったので、ここは直してほしい）。そして、フィナーレでは柚香が小さいながらも羽根を背負い、名実ともに三番手であることを印象づけた。こうなると柚香には、かなりよくなってきた歌唱力をさらにアップさせてほしい。残念だったのはエトワールに抜擢された乙羽映見が宝塚では病気休演だったことで、東京では美声を響かせていることを願う。

　総じて、ショーも花組の層の厚さを感じられるいいものになっていた。

　なお、役者としてとてもいい味を出していた副組長の紫峰七海や、ダンサーとして鳴らした真輝いづみが今作で退団するのは残念なのだが、彼女らの第二の人生にも幸多かれと願ってやまない。

公演評

2015.5-11

輝く明日海源氏が支えた作品の光と影

鶴岡英理子

台湾公演を大成功のうちに終えた明日海りお率いる花組が新たに挑んだ、『新源氏物語』二十六年ぶりの再演である。

　諸説はあるが「世界最古の長篇小説」とも呼ばれる紫式部の『源氏物語』を大胆に現代によみがえらせた田辺聖子の『新源氏物語』（全五巻、新潮社、一九七八―七九年）を基に、柴田侑宏がこの作品を宝塚版グランド・ロマンとして初演したのが一九八一年。

光源氏といえば春日野八千代という伝説がそそり立っていた宝塚で、この作品の上演が大きな挑戦だったことはいうまでもないだろう。舞台には作家として絶好調の時期を迎えていた柴田の気概がみなぎり、単なる王朝絵巻に終わらず、希代のプレイボーイと称される光源氏の生涯をかけた恋を軸に、政治劇としての側面、そして因果応報の無情を描き出した野心作となっていた。

しかし、好評を得ての一九八九年の再演から今回の三演目まで、思えばずいぶん長い年月がたった。この間、いまや古典の授業の副読本としても定着している大和和紀の劇画版『源氏物語』である『あさきゆめみし』を原作とした『源氏物語　あさきゆめみし』（二〇〇〇年初演）も宝塚に登場しているし、瀬戸内寂聴訳の『源氏物語』（全八巻、講談社、一九九六―九七年）が大ベストセラーとなるなど、宝塚にとっても『源氏物語』にとっても、取り巻く環境は大きな変化を遂げている。さらに、おそらくは、『源氏物語』の内容を教養として知っていることが当然のたしなみという時代はすでに過ぎているだろう。

そうした時の流れからすると、この久々に接した『新源氏物語』の舞台に、ダイジェスト感が拭えなかったのは、無理もないことかもしれない。もちろん、原作の「宇治十帖」の部分を除いたほとんどの展開が一時間四十分の上演時間のなかにほぼ入っているのは驚異的なことだ。その説明も場面に応じて、ソロやコーラス、またあるいはモノローグとさまざまな手法を凝らしているし、音楽的にも多彩なメロディーやリズムが取り入れられていて、単調さを防いでいるのはさすが柴田作品と思わせられる。

けれども、なまじすべてを入れようとしているがために、物語はどうしても説明過剰になる。省略されている女君たちをどうにか台詞で取り入れているのも、『源氏物語』を知っていればうれしいことだが、そうでないとむしろ混乱を招きかねない。一方で初演からは上演時間が削られているので、六条御息所の見せ場などにはカットが目立ち、残念な思いがする。何より源氏の行動パターンが、現代から見るとあまりに自分勝手だし、紫の上を「理想の女性」と百パーセント男性目線でたたえられると、その紫の上の苦悩がきちんと描かれた『あさきゆめみし』が懐かしくなったのも正直なところだ。もちろん時代物に現代の視点を入れては歪みが生じるから決して間違ってはいないし、原作どおりなのだが、「雨夜の品定め」などは不愉快とまではいわないが、勝手なことを言ってるよね、と苦笑めいた気持ちを改めて感じもした。あらゆる意味で時間が流れた。そのことを痛感する上演だった。

　それでも、大階段を大胆に使ったプロローグの美しさ、華やかさなどは宝塚ならではの美に満ちているし、娘役の役どころがふんだんにあるのも、最近の宝塚作品のなかではきわめて貴重で、花組娘役陣にとってはまたとない機会になったことだろう。『オーシャンズ11』（花組、二〇一三年）での男役の大活躍が花組男役の総力を底上げしたように、この作品が娘役の力となってくれることを願いたい。

　そのなかで光源氏を演じた明日海りおの美しさが比類ない。とにかくこの役どころを演じる男役が美しくないと、それも匂い立つほど美しくないと、物語が成立しないなかにあって、役割を十二分に果たしている。母・桐壺の更衣の面影を追って父・桐壺帝の妻である藤壺の女御との禁断の恋に走り、その恋を忘れるために女遍歴を繰り返すという究極のマザー・コンプレックスが、切なさに転じるまでの美の勝利には感嘆した。そのあまりの美貌ゆえに、劇中十年の時を経ても、全く美しさが変わらず、やや時の流れがわかりにくいのが課題といえば課題だが、現代の宝塚における最高の源氏役者だったことは論をまたないだろう。美しい人は、勝手でも強引でも、少々冷たくても許されて当然。そのある意味の理不尽な現実をも見事に体現した源氏だった。

　そんな源氏の生涯の思い人となる藤壺の女御は花乃まりあ。本来の持ち味は『カリスタの海に抱かれて』（花組、二〇一五年）のヒロイン像のほうに合っている人だと思うし、よく工夫されてはいるものの出番も多いとはいえない役どころのなかで、藤壺の女御をヒロインとしてきちんと成立させていたのには成長を感じさせる。直前に『ベルサイユのばら——フェルゼンとマリー・アントワネット編』（花組、二〇一五年）でマリー・アントワネットを経験したのも大きかっただろう。作品ごとに伸びてくる若さがすばらしい。

　源氏の随身・惟光には二番手男役の芹香斗亜。初演、再演では十年後の展開で源氏の息子・夕霧と二役で出ていた役どころだが、今回は惟光一役で通す。この作品のなかでは軽みのある役柄で、ちょうどいまの芹香には合ってもいたのだろう。無理なく演じている様子が軽快で、安心して観ていられた。また男役三番手の柚香光が六条御息所に回ったのが、今回のキャスト最大のサプライズでもあったが、源氏を愛するがあまり生霊になるというすごみのある役柄を個性的な美貌で熱演している。女性役の発声も意外に違和感がなく、サプライズによく応えた。本来の男役としても、十年後の展開で源氏に因果応報を突き付けることになる柏木役を演じ、若さゆえの猪突猛進をよく表現していた。この二役は儲けものだったといえそうだ。

ほかに、多彩な女君たちは、紫の上の桜咲彩花の美しい台詞回しがひときわ耳に残り、朧月夜の仙名彩世も蠱惑的な役どころを巧みにこなしている。葵の上の花野じゅりあの冷たさのなかの純真は見事だし、女三の宮の朝月希和、雲井の雁の城妃美伶など、新進娘役たちも大活躍ななか、紫の上の少女時代・若紫を演じた春妃うららの愛らしさが特筆ものだった。子役専科のイメージがあるが、この貴重な可憐さは子役だけにとどまらせるには惜しい気がする。

そこからすると男役はどうしても働き場が少ないが、そんななかで大役の頭中将の瀬戸かずやが、大人な個性を源氏の友でありライバルでもあるという役柄によく生かした。源氏の息子・夕霧の生真面目な二枚目ぶりを真摯に演じた鳳月杏も目に立つが、何より尼君と源氏の兄・朱雀院を二役で演じた組長の高翔みず希、左大臣の副組長紫峰七海、右大臣の天真みちるらの達者さが群を抜く。この公演で退団の紫峰は、いっそ桐壺帝ができたのではと思わされるし、京三紗が演じる弘徽殿の女御の父親役を自在にこなす天真はただあっぱれ。

と、見てきたように、全体に思うところがないわけではないが、宝塚ならではの華麗な美の世界が堪能できることは間違いない作品で、演出を担った大野拓史がプログラムで語っているように、宝塚の王朝物の歴史を次代につなぐという意味で、大切な上演となった。大野が心に期しているという新作王朝物もぜひいつか観てみたい。

そんな華麗な作品のあとに控えたのがグランド・レビュー『Melodia――熱く美しき旋律』で中村一徳の作。とにかく花組の人材をすべて使い切っている人の出し入れが巧みで、普段よりも短い五十分の上演時間がさらにあっという間。特に鳳真由、水美舞斗など、芝居で辛抱役だった面々にも芯となる場面が行き渡っているのが好印象で、座付き作家の

公演評
2015.5-11

目配りとして評価できる。王朝絵巻のあとなら、もっとビートの効いたショーという選択肢もあっただろうが、明日海の持ち味に優雅なレビューが似合うこともあり、一つの形として成立していたのが何よりだった。

月組

▼1789――バスティーユの恋人たち

宝塚大劇場［2015年4▼6月］／東京宝塚劇場［6▼7月］

『1789――バスティーユの恋人たち』
Le Spectacle Musical
《1789 - Les Amants de la Bastille》
Produced by NTCA PRODUCTIONS, Dove Attia and Albert Cohen International Licensing & Booking, G.L.O, Guillaume Lagorce
潤色・演出◆**小池修一郎**

主人公はフランス革命

木谷富士子

二〇一二年にパリで生まれたミュージカル『1789』が宝塚によって日本で初演された。このところ宝塚では『ロミオとジュリエット』(二〇一〇年初演)、『太陽王――ル・ロワ・ソレイユ』(星組、二〇一四年)などフレンチミュージカルの初演が続いている。そして待ちに待った『1789――バスティーユの恋人たち』も期待どおりのすばらしい舞台だった。ポップな楽曲と衣装で、ダンスもいつもの振り付けとは一味違ったコンテンポラリー系。演奏もパソコンの音源を流しながら生演奏をミックスするという手法をとっていてロックっぽい。しかしメロディーラインは美しいバラード調のものが多くて日本人の感性に合い、『ロミオとジュリエット』や『太陽王』とテイストは似ている。

フランス革命という宝塚にはおなじみの世界観に、

ロナン・マズリエとオランプ・デュ・ピュジェの恋、マリー・アントワネットとハンス・アクセル・フォン・フェルゼンの恋を織り交ぜて、革命に立ち向かっていく革命家と民衆たちの熱い思いを描いた作品。見どころ満載のスペクタクルミュージカルだった。

　フレンチミュージカル特有のコンサート形式や、時系列の矛盾などが改編されて、宝塚版ではロナンを中心としたフランス革命の物語としてわかりやすく作られた。例えば、冒頭にラストのバスティーユ要塞の場面を挿入したことで、革命に死んだ市民ロナンの物語として一本の筋が通って小池修一郎の高い潤色力が生きた。楽曲も、オランプが歌う「許されぬ愛」がアントワネットの歌に変更されるなど、当然ながら主演二人の比重を高める工夫がされている。

　フランス革命を扱った宝塚の作品は多いが、『1789』の主人公はまさしくフランス革命だった。パリとベルサイユ宮殿の場面が交互に登場し、どちらにも明らかに肩入れはしないで歴史を公平に描いている。誰も本当の悪人ではなく、ロナンとオランプが結ばれない原因である「思いの違い」が、市民と王宮の間にも存在したということか。

　ロナンは父が官憲に殺されたのをきっかけに、その復讐のために貧しい田舎からパリに出てくるのだが、それが最後まで貫かれるわけではなく、またフランス革命に情熱を捧げたというよりも運命に流されて革命に関わっていくという印象。フランスという国がその革命へと向かっていくその情熱こそがこのミュージカルの主題で、いちばんの見せ場は市民たちの群集シーンだ。その分ロナン個人の情熱が伝わりにくく、やや印象が薄い。ロナンという青年は主人公だけれど、宝塚の男役のようにキラキラした男くささやカッコよさを出せない普通の青年役。イメージ的には大人になったパック（『PUCK《パック》』〔月組、二〇一四年〕）という印象。無実の罪で捕らえられてむち打たれ、最後はバスティーユで銃弾に倒れるのだが、全編を通じてロナンが深刻になりすぎず明るく軽い。脚本と龍真咲の持ち味との両方だろうが、今回はその明るさが救いでもあった。しかし「俺は大海の藻屑にすぎないかもしれない」とバスティーユの吊り橋に向かっていくロナンはまぎれもないヒーローで、ちょっとオスカルっぽくもあった。ここも実はフランス版にはない小池の潤色で、ロナンが一気にヒーローとなりドラマ性が付加された。

龍は冒頭、父の死に際し「叫ぶ声」を丁寧に歌い上げ、これから始まる舞台への期待が一気に高まる。閉鎖された会議場の門を開けようとみなが心一つに「声なき言葉」を歌い継いでいく一幕ラストは圧倒的な迫力があり鳥肌が立つ感動だった。議会閉鎖の場面は『ベルサイユのばら――オスカル編』（宙組、二〇一四年）でも描かれたことがあるが、こんなに表現の仕方が違うのだなというのが正直な感想。総じて市民たちの群集シーンが力強くすばらしい。龍は高音もきれいで、海外ミュージカルでの歌の力の重要性を再認識させられた。

　そして配役の発表時から話題になったのが愛希れいかのアントワネットだった。トップ娘役が龍の恋人役を演じないことで何かと憶測が飛んだ配役だったが、実際幕が上がると愛希がアントワネット役に回ったことに誰しもが納得する舞台だった。出番はそれほど多くはないが、そのほかを圧倒する存在感と歌のうまさでいちばん印象に残った。ロナンが市民代表なのに対してアントワネットが王室を代表し、二人の直接的な絡みはないが二人が舞台の双璧をなすのは確かだ。オランプに回っても愛希ならもちろん等身大のオランプをみずみずしく演じたことと思うが、いまの月組でアントワネットをここまで堂々と魅力的に演じられる娘役はいない。

　愛希は口調もいつもと変えて、大人っぽく落ち着いた王妃を強調した役作り。その分感情が入りにくかったのではとは思う。もう少し若い愛希らしい自然でポップなアントワネット像を打ち出してもよかったのではとも思うが、衣装も美しく、その圧倒的な存在感たるや、まさに主演女優だった。最初の登場シーンはドレスの裾が引き抜きの大きなルーレットになっていて（フランス版では花が盛られた大きなドレス）、一瞬『仮面の男』（雪組、二〇一一年）の人間ミラーボールを思い出してドキッとしてしまった。日本人は人と物がつながる表現には慣れていないのかも。そこではポップなメロディーで退廃した生活を歌い、後半では同じメロディーに乗せて夫と子どもたちとともに生きる決意を歌う。そして神様に切々と歌い上げる「神様の裁き」は心に染み入るようだった。トップになって四年。中卒研七で実年齢はまだ驚くほど若いが、まさに円熟期に入った。娘役は完成形になるとみな退団してしまうが、できればもう少し観ていたい。

　そして美弥るりかのシャルル・アルトワ（アルト

ワ伯）が当たり役だった。『太陽王』での紅ゆずる演じたムッシューのような役回りで、舞台の強烈なエッセンスで歌もうまい。ただ一人の悪役だが、ナルシストがかった思い切った役作りで憎めない。大きな瞳の目力が色気と不気味さを醸し出してチャーミングな敵役だった。終演後、頭のなかで「私は神だ」がずっとリフレインしていた。今回の舞台の成功は、こうした主要人物たちがみな歌がうまかったことが大きい。

実質的ヒロインのオランプは早乙女わかばと海乃美月。どちらもヒロインとして十分なレベルに達していたが見た目のヒロインらしさは早乙女で、歌はやはり海乃。しかし早乙女がロナンとの難しいデュエットをこなしていたのは大きな進歩。

そのほかではカミーユ・デムーラン（凪七瑠海）、マクシミリアン・ロベスピエール（珠城りょう）、ジョルジュ・ジャック・ダントン（沙央くらま）の三人が市民側の代表。カミーユは「武器を取れ」という演説で有名なジャーナリストで、凪七が革命に向かってまっすぐに突き進む青年をひたすらさわやかに好演。いつも以上に力強さが印象に残った。珠城は二幕冒頭のテニスコートの誓いの場面の中心になるが、骨太な存在感で公演ごとに頼もしくなっている。二番手が空席の月組でさらに重要なポジションになっていくだろう。この実在の三人の革命後の運命を思うと切ないが、三人の理想に燃える熱い情熱が伝わり、ラストの「人権宣言」は涙なくては見られなかった。ロナンの死ではなく「人権宣言」で終わるところで、やはりこのミュージカルの本当の主人公は革命そのものだったのだと確信した。

暁千星のフェルゼンはベビーフェイスで、劇中で若いつばめと言われるそのとおりに見えたが、研四での抜擢に十分応えた好演だった。歌えるし声もいい。妹役のソレーヌ・マズリエはソロ曲が二曲もある儲け役。花陽みらは明日に立ち向かう力強さがあり、晴音アキは薄幸なイメージでそれぞれよかった。

星条海斗は月組生としては最後の公演。牢獄の場面が見せ場だったが、正直ここでも『仮面の男』がよみがえってしまった。どれだけトラウマになっているのか。しかしここも龍の持ち味で深刻になりすぎずに終わった。ルイ十六世の美城れんは安定の演技。専科に残ってくれて本当によかった。台詞の口跡が自然で上品な国王だった。紫門ゆりや、朝美絢、輝月ゆうまの三人トリオも舞台のそこかしこでいい味を出していて、舞台の真ん中だけを観ていると細部を見逃してしまう。海外ミュージカルなのに配役は多いし、舞台上の構成も複雑で、一度ではとても観尽くせない、何度でも通えるパフォーマンスミュージカルだった。
　この作品は来年（二〇一六年）春、東宝での上演が発表されている。なんとアントワネットが花總まりと凰稀かなめとのダブルキャストだという。凰稀が愛希の演じたアントワネットをどう演じるのか全く想像もつかないけれど、ものすごく楽しみだ。宝塚でも、『エリザベート』（一九九六年初演）のように頻繁ではないかもしれないが、また再演されるにちがいない。宝塚の財産がまた一つ増えた。

公演評 2015.5-11

フランス革命の初心

大越アイコ

『ルパン三世――王妃の首飾りを追え！』（雪組、二〇一五年）、『カリスタの海に抱かれて』（花組、二〇一五年）など、タカラヅカ百一年はフランス革命をテーマにした作品で幕を開けた。タカラヅカの代名詞『ベルサイユのばら』（一九七四年初演）の影響で、フランス革命に親しみをもっているせいだろうか。だがよく考えれば、フランス革命は実は民衆暴動で始まり、解き放たれた欲望が暴走し、国王ルイ十六世と王妃マリー・アントワネットをはじめとした多くの人々を殺戮した政治的な事件である。

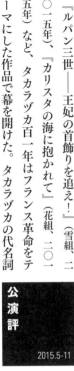

　アントワネットは貴族中心の世界に何の疑いももたないハプスブルク家の平凡な女性で、革命によってギロチン台の餌食にならなければ、歴史的ヒロインにならなかっただろう。スウェーデン貴族ハンス・アクセル・フォン・フェルゼン伯がアントワネットの恋の相手として、革命のなかで王妃に最後まで献身的に尽くした騎士道精神の具現者になることも。
　だが本来的には、彼らは革命の脇役であって主役ではないのだ。革命によって追放されていく王家や貴族のドラマを美しく描いたのは日本のマンガ家池田理代子であり、その舞台化に成功した宝塚歌劇団である。『ベルばら』には、王妃アントワネットと彼女を守る近衛隊隊長で男装の麗人オスカル・フランソワ・ド・ジャルジェが女性ながら大革命にどのように対峙し、そのなかで自らの恋をどのように成就させたかを描いている。それは、一九七〇年以降の女性解放の時代に、女性が夢見たファンタジーだ。

　このようなファンタジーに酔っていても、誰でもがフランス革命はそれだけのものではすまなかったことを知っている。タカラヅカ・ファンも『ベルばら』の甘い夢から覚めて、大革命を別の観点から見るのも一興だろう。大劇場でそれに挑んだのが小池修一郎だ。彼は海外ミュージカルを上演する際に、その潤色・演出で辣腕をふるう。なかでも『THE SCARLET《スカーレット》 PIMPERNEL《ピンパーネル》』（二〇〇八年初演）では、王党派援護のイギリス人が主役で、フランス革命はギロチン台に象徴される残忍な民衆暴動と描かれた。

　立場が変わればドラマの意味も変わる。とはいえ封建体制を打破して近代社会への地平を拓いたフランス革命は、どのような立場からもそれなりに絵になる。小池は大胆にも革命の子であるとともに革命を終焉させたナポレオンの生涯までもドラマ化した（『眠らない男・ナポレオン――愛と栄光の涯《はて》に』〔星組、二〇一四年〕）。物語が散漫で柚希礼音の熱演だけが印象的だった。

　小池は仕切り直しで潤色・演出分野に戻った。そのときに、今度は名もない民衆の側から描いた本作が選ばれた。フランス革命の時間的プロセスは短くない。偶発的要因の集積で始まった革命は、そこに出現した人たちの個性、またその生死、当時のヨーロッパの時代背景、身分制の崩壊期などによって異なった相貌を呈する。

　フランスにとって革命は輝かしい歴史なのだろう。だがそれは初期のころで、その後の暴力性を帯びたプロセスはあまり取り上げたくないのかもしれない。本作品が描くのはのちに革命家と呼ばれた知識人と民衆の思いがまだ一致していたころ、王政がまだ民衆全般に対して力をふるっていた時期だ。独裁者として名高いマクシミリアン・ロベスピエールも当初は弁護士出身の未経験の三部会議員で、王政廃止など考えてもいなかった。本作品は暴走する前の理想に燃えた知識人や民衆たちの物語になっている。

　タカラヅカではフランス革命というと『ベルばら』なので、実在の人物として象徴的人気があるアントワネットが革命の主要役割の一端を担ってきたが、他方革命の歴史的意義が十分には描かれてこなかった。今回の作劇は勃発時の一七八九年に焦点を当てて、その点を明確に打ち出している。民衆が王の軍隊に対して武器を持って蜂起したバスティーユ監獄襲撃とその後出た「人権宣言」がクライマックスとなる。そこにいたるフランス社会の変動がロック音楽に乗ってテンポよく進んでいく。教科書的知識の羅列だが、きわどい事件もはさんで興味を呼び起こす。

移民政策などでフランス批判も高まっているなかで、フランスの誇りはフランス革命と「人権宣言」であり、それを世界に打ち出していきたいという思惑は、フランス人プロデューサーの寄せ書きでよくわかる。

革命で唱えられた「自由・平等・友愛」でいちばん理解しやすくて、実現しにくいのが平等だろう。父が殺されて不平等な社会に怒りを覚えた農民ロナン・マズリエ（龍真咲）はパリに逃れ出て革命派の根城であるジャン・ポール・マラー（綾月せり）の印刷所の近くで倒れて拾われる。そこで革命派知識人カミーユ・デムーラン（凪七瑠海）、ロベスピエール（珠城りょう）、ジョルジュ・ジャック・ダントン（沙央くらま）と出会い、自由・平等を求める社会の大きなうねりを知る。三人の大物革命家たちは歴史的に有名だが、このドラマでは、名もなき農民ロナンの視点で描かれる。この作品をヒーロー物ではなく、時代の波に翻弄されながら革命の意味を問い続けた平凡な個人の闘いの軌跡として観客に身近にアピールする狙いなのだろう。

小池はタカラヅカで初上演するにあたり、フランス版をかなり変えて、タカラヅカになじみのアントワネット（愛希れいか）を大きく扱った。革命側のドラマだけでなく追い詰められている王家のドラマも対照的に描いている。ルイ十六世（美城れん）は人間味あふれた人物、他方王弟シャルル・アルトワ（アルトワ伯〔美弥るりか〕）は動乱を利用して政権を奪取しようと企む妖しい人物と描かれ、舞台に厚みを与えた。そこにアントワネットとフェルゼン伯（暁千星）の恋が絡んでいく。

この相対する二つの世界をつなぐのが王太子シャルルの養育係オランプ・デュ・ピュジェ（早乙女わかば・海乃美月）である。ひょんなことでロナンと恋に落ちるのが重要なポイントなのだが、小池はあえてトップ女役愛希をアントワネットに当てて王政の代表として描き、オランプの役割を小さくしている。主要ナンバーもアントワネットに二曲ソロがあてがわれ、愛希は見事に歌い上げている。オランプのソロは少なく、ロナンとの二重唱がほとんどである。

公演評

2015.5-11

王政側は衣装も豪華だが、時代の危機に気づかない愚かさが滑稽に描かれる。唯一王太子の死のシーンで自らの罪に苦悩し、母性に目覚めるアントワネットのナンバー「神様の裁き」が感動的だ。愛希の好演が光る。歌唱力が多彩で、豪華な衣装の着こなしも気品に満ちている。従来のアントワネット像を変えた。役割の大きさからも主役の龍と拮抗し、タカラヅカの女役の可能性を広げた。

フランス革命という歴史的に大きな事件で、アントワネットや宮廷に生きる人々、革命を志したインテリたち、彼らに不信感を抱きながらも最終的にともに踏み出したロナンをはじめとする民衆たちの重層性がドラマを骨太にしている。ロナンのナンバーがストーリーを引っ張るのだが、龍は日頃の癖を抑えて心の葛藤を歌い上げて共感を呼び起こす。

民衆を弾圧する貴族将校ラザール・ペイロール(星条海斗)の脅しに屈せず立ち上がる民衆たちの場面は、民衆蜂起場面の処理が巧みな外部の振付家KAORIaliveが小池によって招聘されて斬新な場面を創作した。ロベスピエールの「誰のために踊らされているのか?」に続くボディー・パーカッションが力強い。デムーランの出番は、国王に裏切られたあと「武器を持とう」と民衆を鼓舞する「世界を我らに」である。凪七は高音がよく出るが、やや女性声が残るのが残念。他方美弥は、悪役アルトワ伯の「私は神だ」では低音の魅力で妖しさを醸し出す。

山場は最後のバスティーユ攻撃である。「サ・イラ・モナムール」を全員で歌い高揚する場面。ロナンは、壁をよじ登りオランプの父でバスティーユ守備隊将校デュ・ピュジェ中尉(飛鳥裕)を助け出すが、国王の軍隊に射殺される。ロナンはオランプや仲間の腕のなかで革命が拓く未来を歌う。

最後は「人権宣言」の場面だが、そこに民衆だけでなくアントワネットや国王の姿も見える。彼らも時代の波に翻弄された人たちなのだというように。この場面から何を読み取るかは観客に委ねられている。革命のその後の苛烈な展開を思えば感慨深いが、ミュージカルとして十分楽しめる内容だった。

公演評
2015.5-11

星組

ガイズ＆ドールズ

宝塚大劇場［2015年8▼9月］

『ガイズ&ドールズ』
原作◆デイモン・ラニヨン
作曲・作詞◆フランク・レッサー
脚本◆ジョー・スワーリング／エイブ・バロウズ
脚色・演出◆酒井澄夫
翻訳◆青井陽治
訳詩◆岩谷時子

夢のスペシャリスト、北翔海莉

藪下哲司

星組新トップコンビ、北翔海莉と妃海風の宝塚大劇場お披露目公演、ブロードウェイ・ミュージカル『ガイズ＆ドールズ』は、実力派コンビにふさわしく、歌も演技も破綻なく、どこも文句のつけようがないくらい手堅くまとまった舞台だった。一九八〇年代の宝塚を代表する大地真央・黒木瞳コンビの代表作であり、二〇〇二年には紫吹淳・映美くららのコンビでも再演されたこのミュージカルに北翔・妃海コンビがどう挑むか、興味津々の話題作だったが、都会的に洗練された雰囲気こそやや欠けるものの二人は観客に心地よく夢を見せてくれるスペシャリストたちだった。

カラフルなネオンサインがきらめくブロードウェイのタイムズスクエア、ソフト帽をかぶったギャンブラー、スカイ・マスターソン（北翔）が颯爽と登場、帽子のツバに手をかけて思い切りキザなポーズで主題歌を歌い始める。これぞまさしく宝塚の『ガイズ＆ドールズ』の世界だ。懐かしいオープニングは健在だった。

スカイに続いて、ニューヨークの街のさまざまな人々が次から次へと現れ、一九四八年当時の街の日常風景がダンスナンバーで表現される。三十年前、まだミュージカルの上演がそれほど多くなかったころに観た大地版のこの場面は、それなりに斬新で楽しかったのだが、いま観ると懐かしいというよりなんだかクラシック。振り付けも衣装もずいぶん古めかしい感じ。九二年にニューヨークで観た『ガイズ

&ドールズ』は、振り付けがダイナミックで装置がもっとシンプルで斬新、すごくおしゃれだったことを思うと、ここはもう少しモダンな感じに作り替えてもよかったかとも思う。ただ、北翔×妃海のコンビは、こういうクラシックな雰囲気がことのほか似合っていて、当初このコンビで『ガイズ&ドールズ』と聞いたときのもやもやが一気に吹き飛んだ。

それで真っ先に感じたのが、ついこの間までの星組のイメージと、ずいぶん変わったなあという感慨だった。柚希礼音時代にこの手のものとしてすでに『オーシャンズ11』（二〇一一年）というバリバリの現代的なミュージカルを上演している星組で、『ガイズ&ドールズ』の世界はなんともアンティーク。しかし、その世界にしっくりくる北翔は、まさに、トップが変われば組のカラーが変わるという見本のようなものだろう。柚希・夢咲ねねで『ガイズ&ドールズ』をやっていたらまた違ったものになっていただろうが、そもそもこの二人で、これをやろうという企画さえなかったのではないかと思う。

警察の目を逃れて賭場をはるやくざなギャンブラーが、救世軍の女性士官を「一晩で落とす」ことを千ドルで賭けるうちに、ミイラ取りがミイラになってという大人のファンタジー。デイモン・ラニヨン原作の「サラ・ブラウンのロマンス」という短篇小説を原作にフランク・レッサーが作詞・作曲したミュージカル・コメディーだ。始まる前からラストがわかっているようなお話なので、いかに楽しく夢を見させてくれるかが身上。

一九八四年の月組による宝塚初演は、大地が自ら歌劇団にはたらきかけて、宝塚七十周年の目玉の一つとして上演された。歌劇団にとっては『ブリガドーン』（星組、一九七四年）以来十年ぶりのブロードウェイ・ミュージカルの上演だったが、権利関係が難しい海外ミュージカルでは初めて宝塚ならではのオリジナルのフィナーレをつけて上演することが可能になった作品で、大地の類いまれな都会的なコメディーセンスとともに初めて大成功したブロードウェイ・ミュージカルだった。心地いい夢を見せてくれたという点では最高の舞台だった。

そのイメージがあまりにも強いので、なんとも不安だったのだが、オリジナルの譜面どおり忠実に再現した北翔、妃海を筆頭に紅ゆずる、礼真琴ら新生星組メンバーの『ガイズ&ドールズ』は、初演とは全く違うものになって当然、逆に歌、芝居ともすべてに気持ちよく夢を見させてくれた。

北翔は、前回の『ガイズ&ドールズ』(月組、二〇〇二年)で、今回、麻央侑希が演じているラスティー・チャーリー役を本公演で演じ、新人公演では紅が演じたネイサン・デトロイトを演じたこともあって、専科時代から再演があれば出演を熱望していたという。それがトップ披露で、しかも主演のスカイ役で実現することになった。彼女の個性からいうとスカイよりネイサンのほうが似合うと思ったのだが、泣く子も黙るギャンブラーのなかのギャンブラー、スカイを北翔ならではの渋い大人の男の雰囲気を漂わせて演じきった。『風の次郎吉——大江戸夜飛翔』(花組、二〇一五年)の印象がまだ抜けきらず、ニューヨークのギャンブラーというよりは、どことなく江戸前のスカイで都会的な粋さには欠けるが、歌の実力は文句なく聞きなじみのある主題歌も安心して聴いていられた。ただ欲をいえばもう少し男役としての色気がほしかった。歌がうまくて動きが速いからか、地味に小さくまとまった感じ。もっと間をためた破天荒な大きさがほしかった。観劇したのが開幕して間がないときだったので、まだ、模索中だったのかもしれない。

公演評 2015.5-11

スカイが、遊びのつもりで誘ったサラ・ブラウンに本気になっていくあたりの、ハバナの場面からニューヨークの街角での「はじめての恋」のソロにいたるあたりの微妙な心の動きも、生来のまじめさが先に出てしまって意外性が感じられなかったのと、二幕の見せ場、クラップゲームのダンスナンバーが新たな振り(AYAKO振付)に変わったものの、クラップをしているように見えず、決めポーズも平凡で、いずれも一工夫ほしいところだ。とはいえ初演の大地真央の印象が強いこの役を、北翔ならではの新たな味つけで全く別物としてよみがえらせたのはお見事だった。

相手役サラの妃海は、真っ赤な制服がよく似合って、人形のような美しさ。よく伸びる歌声は、これまでのサラでは最高かも。ハバナで初めてお酒を飲んで酔っ払うシーンがいちばんの見せ場。なんともキュートで芝居心がこもっていた。

ネイサンの紅は、こういうやくざなギャンブラー役はいまやお手のものという感じ。『キャッチ・ミー・イフ・ユー・キャン』(星組、二〇一五年)の勢いをそのまま踏襲した好演だった。格好をつけているが、どこか抜けていて人間味があるという役は、紅にぴったり。歌もずいぶん表現力がついてきた。

ネイサンの十四年来の婚約者でダンサーのアデレイド役の礼は、やや若すぎるきらいはあったがまたまた歌・ダンス・演技と器用なところを見せつけた。紅を相手に一歩もひけをとらない舞台度胸は見事だ。また、男役とは思えない自然な発声で、娘役演技も全く違和感がなかった。男役としての礼は新人公演では主役経験を積んできているが、本公演ではまだ少年役から脱しきれていない。大人の男役が自然と演じられるようになれば、さらに大きく花開くだろう。

この四人以外の大きな役といえばギャンブラー三人組。ナイスリー・ナイスリー・ジョンソンが美城れん、ベニー・サウスストリートが宙組から組替えになって初めての大劇場公演となった七海ひろき、ラスティーが麻央という顔ぶれ。初演で未沙のえるが演じたナイスリー役の美城が味のある演技で好演。七海、麻央が両脇を明るく締めた。あとシカゴのボス、ビッグ・ジュールは十輝いりす。とぼけた味がなんともいえなかった。ハリー・ザ・ホース役の壱城あずさ、救世軍チームの天寿光希、ジョーイ・ビルトモアの十碧れいやといった面々はやや手持ち無沙汰の感はあったが、ハバナの場面に登場したクバーナの歌手で夏樹れいが気を吐いたのが印象的だった。

フィナーレはラインダンスから始まる変形バージョン。まず紅と礼のデュエットダンスがあり、続いて北翔を中心にしたガイズの群舞、舞台上で衣装をチェンジした北翔と妃海のデュエットダンスへと続く。パレードはエトワールが毬乃ゆい。十輝・七海、礼、紅、妃海そして北翔と続いた。大きな羽根を軽々と背負った北翔の底抜けに明るい笑顔が印象的だった。新生星組、これからどんな夢を見させてくれるのか。次回の『こうもり』(星組、二〇一六年)はまさしくクラシック。大いに期待したい。

星組が一気に北翔カラーに!『ガイズ&ドールズ』

永岡俊哉

開演を告げるブザーが鳴る。そしてアナウンスが流れる。「星組の北翔海莉です」。客席からは大きな拍手。客席は昼間でも立ち見が出ている……。北翔海莉と妃海風の大劇場お披露目公演『ガイズ&ドールズ』は、この状態が初日から千秋楽までずっと続き、大成功に終わった。いままでの星組では柚希礼音を筆頭に、熱い体育会系の勢いで客席を圧倒する舞台が観られたのだが、北翔がトップにくることでそれがどう変わるのか、妃海とのコンビネーションはどうなのか、二番手紅ゆずるとの絡みはうまくいくのかなど、見どころが多かった。個人的には歌がうまい北翔と妃海が大好きで、まさかこのコンビが見られるとは思ってもみなかったので、ワクワクしながら劇場に向かった。過去宝塚でも大好評を得た名作の再々演にオールドファンの期待も高まっていた。

まず思ったことは、いい意味でいままでの星組カラーから変わったということ。それは、トップコンビが変われば当たり前のことなのだろうが、緻密に作り込まれてバランスがよく完成度が高い舞台になっていたのだ。北翔を中心によく稽古して総合力を上げていったことが容易に想像できる。北翔は稽古中も下級生の面倒をよく見て稽古をつける上級生だという話は聞いていたが、それが星組にうまく作用したのだろう。そして、コーラスのハーモニーが心地いいものに仕上がっていたのもよかった。コーラスで評判が高い宙組のようだと感じたのだが、よく考えると、北翔、十輝いりす、七海ひろきと元宙組が三人いることからすると、不思議ではないのかもしれない。熱いとか体育会系といわれていた星組がどのような組になっていくのか、今後も目が離せない。

さて、物語を見ていくと、男役はほとんどギャンブラーというかゴロツキである。つまり、男気を見せることを生業にしているギャンブル好きの男がたくさん出てくるのだが、誰しも笑いを提供してくれる部分をもった憎めないゴロツキだった。ただ、この点についてはやや物足りない気もした。なりはゴロツキかチンピラなのだが、やさぐれた感じや男気があるようにあまり感じられなかったのである。ビデオで観た過去の作品と比較することが正しいかどうかは別にして、紫吹淳が主演のときはそれはそれは男くさいゴロツキになっていて、変に近寄ると殴られるのではないかという怖さを身にまとっていたので、今回それがなかったのはとても残念だった。

そして、主人公スカイ・マスターソンがネイサン・デトロイトとの絡みのなかで賭けをして、その賭けの対象だった救世軍のサラ・ブラウンと接点をもつうちに、お互いが引かれ合って徐々に恋愛に発展する。そして、スカイの行動が救世軍の支部を救い、サラの心もつかみ、最後はハッピーエンドとなるのである。スカイは冷静で頭もよく、ギャンブラーというよりは経営者にでもなればいいのにと思わせるぐらいのいい男として北翔が演じていた。それに対するネイサンは賭場の開帳を仕事にしていて、そのせいで警察に追われている。その場凌ぎで刹那的に生きているのだが、どこか憎めない男で、紅にはピッタリだった。そして、美城れん、七海、麻央侑希演じるネイサンの手先の三人がライトでコミカルにいい味を出していた。

次に物語に関わってくるのが、妃海演じるヒロインのサラと、礼真琴がまた女役に挑んだネイサンの婚約者アデレイド、救世軍の面々、ブラニガン警部だ。妃海はまっすぐで融通が利かないまじめな伝道師がスカイとの関わりのなかで初めての恋に落ちていくのだが、かわいいが猪突猛進で色気も感じられないあたりが妃海本人を見ているようだった。彼女については『南太平洋』（星組、二〇一三年）でヒロインを演じた際も役にピッタリだと思ったのだが、今後、本人と全く違うタイプの役がきたときにどう演じるかが楽しみである。そして、アデレイドの礼は初めこそ男役が女役をやっているという無理をしている感じが見えたが、不思議なもので千秋楽に近くなるとネイサンを愛する一途な女性に見えていた。男役が女役をすることには抵抗を感じる生徒が多く、彼女もそういう思いをもっていたとは思うが、かわいくて一生懸命でネイサンとの家庭に夢を馳せる三十歳前後の女性という難役で、しかも圧倒的な歌唱力を要求されるアデレイドにしっかり取り組んだと思う（ちなみに、紫吹の月組のときのアデレイドは霧矢大夢だった）。ただ、婚約して十四年たった、つまり三十歳ぐらいの女性なら、もう少し年をとって疲れた感じや諦めの感覚などを表現してほしかった。あと、物語上はもっとしっかり扱われてしかるべきなのが、天寿光希演じる救世軍メンバーのアーヴァイド・アバーナシーである。アーヴァイドはスカイのサラに対する思いを後押しする重要な役で、彼の言葉がなければスカイはサラとの約束を果たさなかったかもしれない。しかし、あまりにもあっさりと扱っているために、スカイが全員との賭けに臨む芝居から重大さが感じられなかったのは残念だ。

さて、新人公演についてもふれておこう。今回は九十五期最後の新公で瀬央ゆりあがラストチャンスをつかんだ。緊張していたかもしれないが、初主演とは思えない堂々とした芝居で、無難に主役を演じていた。まずまずといえるだろう。しかし、無難だった分、何か物足りない。決して悪いとはいわないが、本公演のギャンブラーたちから感じられたスケールの小ささがそのまま瀬央のスカイからも見て取れたのだ。瀬央にはもっとどっしりとした大物ぶりを描いてほしかった。また、ヒロインのサラ役の綺咲愛里に関しては三度目の新公ヒロインなので辛口になるが、表面的な芝居になっていて、救世軍の伝道師として布教に身も心も捧げているサラに対する理解が足りないと思った。何度もいうが、悪くはないのだ。しかし、三度目の新公ヒロインなのだからさらにレベルアップした舞台を観たかった。今後の成長に期待したい。

そして、ネイサンは九十六期の紫藤りゅう。二枚目で実力もあり、この期の初詣のポスターのキャラクターに選ばれるなど本来もっと役付きがよくてもいいはずだが、今回の新公を観てますますその思いを強くした。刹那的に生きている半面、本当はカッコよく男気あふれたその道の人を理想としているネイサン哲学を彼女なりに作っていたと感じた。今後の活躍を楽しみにしたい。そして、新公のMVPはアデレイドの真彩希帆である。とにかく役作りがかわいい！ そして、歌が抜群にうまい。くしゃみの仕方も完璧だった。ショーガールにいそうな、というかいてほしいと思わせてくれるアデレイドだった。もちろん、年齢設定はとても三十歳にはなっていない、へたすると二十歳そこそこなのだが、新公という舞台ならそれが全く気にならない。アデレイドが主役のストーリーにしても十分やっていけるだけの達者さが彼女にはあった。彼女は花組時代、『エリザベート——愛と死の輪舞《ロンド》』（二〇一四年）の新公でマダム・ヴォルフを本役顔負けでやっていたのでいちばん期待していたのだが、そのさらに上をいく出来だった。雪組の有沙瞳と並んで九十八期娘役の逸材といえるだろう。二〇一六年一月のバウ公演のヒロインが待ち遠しいし、新公ヒロインとしての姿も早く観てみたい。あと、面白かったのは本役が十輝いりすのビッグ・ジュールを演じた桃堂純。台詞のほとんどが「クラップやろうぜ！」のビッグだが、百七十五センチの長身に舞台映えする大きな顔で存在感抜群。まじめにやるほど面白いビッグをしっか

公演評
2015.5-11

り演じていた。彼女は文化祭から目立っていたので注意して見ているが、ようやくエンジンがかかってきたようで、今後が楽しみである。そのほかでは、ナイスリー・ナイスリー・ジョンソンのひろ香祐やブラニガン警部役の遥斗勇帆が独自の役作りで光っていたのがうれしい。

運命の神様は舞台上ではスカイとサラを結び付け、ネイサンを更生させてアデレイドを万年フィアンセから花嫁にしたのだが、今後の北翔星組はどう導いていくのだろうか。星組はまとまりがあって完成度は上がったが、やや迫力がなくなった気もする。いいとこ取りはできないことはわかっているが、さらに高みを目指して新生星組は進化・深化していってほしいものである。

宙組

▼王家に捧ぐ歌

宝塚大劇場［2015年6▼7月］／東京宝塚劇場［7▼8月］

『王家に捧ぐ歌』
脚本・演出◆木村信司

「この広い戦場で私はなぜか孤独だ」という歌詞の力

大越アイコ

十二年前、演出家木村信司は『王家に捧ぐ歌』（星組、二〇〇三年）で、当時のアメリカのイラク戦争を古代の大国エジプトの帝国政策になぞらえて戦争批判をしたという称賛を浴びた。だがその後の『スサノオ』（雪組、二〇〇四年）で、アジアの複雑な状況を単純化して描いたと酷評された。

木村は政治的テーマを扱うことの怖さが身に染み

たのだろう。木村は今回の制作発表会で、初演のテーマは「平和」だったが、原点のテーマは「愛」であるとし、今回はそれを強調すると述べた。直接の戦争ではないが、今年（二〇一五年）も安全保障法制が注目され「平和のため」の防衛がまことしやかに主張されている。そこで木村は、「平和」は政治的問題と語られるが、「愛」はそれを超える価値をもつこと、国家・人種を超えることを明らかにしようとしたのだと見た。

初演では体格がいい主人公・戦士ラダメスはトップ男役湖月わたる、実質的な相手役エチオピア王女アイーダは二番手男役安蘭けい、ラダメスに恋するエジプト王女アムネリスはトップ女役檀れいという大人っぽい濃厚な絡みだった。それに対して今回は、ラダメスがトップ男役お披露目の朝夏まなと、アイーダがトップ女役実咲凜音と、ひたむきに愛し合う男女の物語にふさわしいカップルである。前回に比べてスケールは大きいとはいえないが、歌唱力や感情表現の的確さは決して劣らない。

この作品で気になったのが、ラダメスが「この世に平和を」と男らしく歌い上げる、メッセージ性ある歌より、彼の内面的葛藤を吐露する「この広い戦場で私はなぜか孤独だ」だった。前者の歌は湖月にふさわしかったが、後者には違和感があった。彼女は闘う戦士としての力強さは半端ではなかったのだが、繊細な内面はそのたくましい風貌に合わなかったからだ。

その点、戦士としての強さだけでなく、戦場の悲惨さにひそかに苦悩している優しい心の持ち主であることを表現する朝夏には説得力があった。アイーダ（実咲）とどのように出会ったかは描かれていないが、戦いのなかで必死に敗者をかばう彼女に心打たれたのではないかと推測する。このアイーダの愛の力にラダメスは心引かれ、アムネリス（伶美うらら）の誘惑に負けなかったのではないかと感じた。

ラダメスのような繊細な心をもつ戦士が将軍にふさわしいかは疑問だが、ここはタカラヅカ。強いだけでは女性の心はとらえられない。戦士としては弱さかもしれない心優しさが、今回の朝夏バージョンではいい意味で浮き彫りになった。初登場場面で朝夏ラダメスは理想に燃える若々しい青年戦士として銀橋を駆け抜けた。心寄せるアイーダに向ける眼差しの一途さに胸キュンとなる。エチオピアとの戦いで勝利したあと、銀橋でラダメスがアイーダにまっすぐに求愛する場面は二人の演技力・歌唱力で魅せる。

二人が対立しあう国家に属していること、ラダメスがアムネリスに愛され次期ファラオに望まれていることを知るアイーダは素直になれない。このアイーダの自己矛盾を彼は大きく包み込む。「一時の感情に流されるべきではないわ」と言う彼女に、彼は「君はわたしを見くびっているのか。感情に流されるような男だと、そんな男をあなたは愛したのか」と問い詰める。これにアイーダは抵抗できず彼の胸に飛び込む。美しい「月の満ちるころ」を歌いながら二人は国を捨てることを誓い合う。この愛の直接性から対立、それをふまえての和解という弁証法的展開は見事だ。近年屈指のラブシーンである。

なぜ二人の王女はラダメスに心引かれ、対立関係にあるのだろうか。比類ない美貌の持ち主アムネリスは伶美が演じている。歌唱力の難点が指摘されるが、それを吹き飛ばすのがその気品に満ちた美しさと威厳ある演技である。

今回、この作品では女役二人の力量が重要であることが明確になった。前回はアイーダを二番手で歌唱力抜群の安蘭が演じ、アムネリスをトップ女役二度目の貫録十分の檀が務めた効用が、タカラヅカに珍しい男役・女役の対等な配置を呼んだと思える。アイーダは捕虜になってもその気高さを失わず「戦いは新たな戦いを生むだけ」と歌い上げるが、このフレーズが心打つ。「アイーダの信念」は大ナンバーだが、実咲は堂々と歌い観客の感動を呼ぶ。

エジプトの価値を体現するファラオ（箙かおる）の娘アムネリスは、大国のさらなる繁栄を目指し勇者ラダメスとの結婚を望んでいる。彼の心が捕虜のアイーダにあるのが理解できない。「わからない」という彼女のつぶやきは、美・富・権力が愛を招き寄せるわけではないというドラマのテーマとつながっている。アイーダに歌唱力抜群の実咲、アムネリスに圧倒的な美貌と存在感がある伶美という自立した同期女役二人を配することができたことは、この作品の成功要因だろう。

朝夏は富や権力よりも愛を求めた男として見事にはまった。その朗々とした歌声、繊細な演技もすばらしい。一方で将軍に選ばれたときに叫ぶ雄叫びで勇者らしさを見せながら、戦場の殺戮場面で戦士として悪夢に酔えない孤独な想いの吐露の歌が決まっている。

二人がこのドラマを生きる人々と違う生き方を選ぶ男女であることは、二人の愛が語られる場が常に銀橋である点に表れていて、その演出方法に感心した。二人は何よりも愛を重視する生き方を選ぶからお互いなしには生きられない。戦いが終わったあとラダメスが「アイーダ」と訴える場面には鳥肌が立つ。

今回のバージョンで印象深いのは、最初に舞台に登場するエチオピアの王子でアイーダの兄ウバルド役の真風涼帆である。星組から組替えをしての初出演。星組カラーが色濃く、短い場面ながら存在感たっぷりで魅力的だ。エチオピアの滅亡後に何年かさまよってゴーストと化した彼は「わからない」と言い続ける。エジプトとエチオピアを捨てて死を選んだ二人の生き方がわからないのだ。

同じく「わからない」と言いながらも、父の死後ファラオとなり、愛するラダメスを死刑に処したアムネリスは、ラダメスの志を受け継ぐことを宣言する。しかしそれが理想にとどまり現実にならないことを熟知しているのが支配者である。矛盾に引き裂かれながら生きるアムネリスは、国家を背負う責任者としての苦悩をもつにもかかわらず、その驕慢さゆえに反感を呼ぶ難しい役どころだ。今回の伶美は檀のような色気はないが、一途な女の清冽さが出て好ましい。

ところで、ラダメスが愛のために即座に国を捨てようとしたことの是非は、観客の意見の分かれるところだ。私のような年齢の女性にとっては、ラダメスの潔さに女性の理想の具現を見るが、修学旅行生らしき男子生徒の一群から、一幕はわかったが二幕がわからないとの声が聞こえた。彼らの好きな戦士物とは真逆なのだろう。それを思えばこの壮大なドラマがタカラヅカで上演される意味が明らかだ。戦場は孤独であること、平和だけでなく「愛を求む」ことのすばらしさを明言しているからだ。

国家間の対立は、古代エジプトの時代から現代まで終わることはない。人々には帰属集団に執着する心があり、それを利用・悪用する支配者たちが戦いを起こすのが後を絶たないからだ。これは支配者側に立てば面白いゲームだ。そのため戦いの必要性が被支配者にはさまざまな形——宗教・物語・絵画・演劇・マンガ、そしていまはゲーム——を通して心に埋め込まれていく。「平和」という語もゲームに使われる。この罠を破る一つが愛なのだ。

公演評

2015.5-11

同質なものでなく異質なものに引かれる「愛」は、この罠の愚かさに気づく契機になる。この点で木村の構築理念は確かだ。とはいえこの理念は、万人に受け入れられるわけではなく、それを表現するのに説得力をもつ素材に出合うのも困難だ。その意味でこの作品は希有だといえるだろう。

作品を支えるのは宙組の分厚いコーラス力。それは罠にはまった多数派の心としてラダメスに襲いかかる。ラダメスはそれに抗して真の意味での闘いをおこなう。

箙とエチオピア王アモナスロ（一樹千尋）の専科陣は圧倒的演技力だ。甲斐正人の楽曲の力強さも成功要因だと痛感した。

きれいにまとめられた二〇一五年版

加藤暁子

朝夏まなとのトップお披露目公演に選ばれたこの作品『王家に捧ぐ歌』は、原作のオペラ『アイーダ』を、脚本家木村信司が宝塚のオリジナルとして脚本・演出した作品で、ダイナミックで宝塚を代表する人気作品の一つ。勇ましい男ラダメス将軍を愛する、自国エジプト王の娘アムネリスと敵国エチオピアの王女アイーダの恋物語だが、それ以上にラダメスとアイーダとの関係を軸に、人の心と身体の自由、戦い続けることのむなしさを訴え続け、平和への祈りをテーマにした作品。初演は二〇〇三年七月から十一月の星組公演だった。その二年前にはアメリカで九・一一（アメリカ同時多発テロ事件）があり、その時代を背景に「戦いは新たな戦いを生むだけ」と歌うアイーダの声と歌詞が心に染みた。そして、いまの世界情勢を思えば再演する意味は大きい。初演の星組公演は、自分でも驚くほど何度も観劇した作品だった。ロシアのバレエダンサーの故マイヤ・プリセツカヤ氏が振り付けの一部を担当したことや、有村淳の衣装も当時、話題を呼んだ。〇三年は宝塚にとって、創始者小林一三の生誕百三十年記念だったこともあり、脳裏に残るすばらしい作品が豊富な年だった。雪組『春麗の淡き光に』、月組『花の宝塚風土記《ふどき》』、花組『野風の笛』と続いて、星組『王家に捧ぐ歌』。本公演以外も、花組『不滅の棘《とげ》』、宙組『里見八犬伝』、花組『二都物語』、星組『雨に唄えば』『巌流』など、どれだけ観劇しても観足りな

公演評
2015.5-11

いほど楽しい公演が次々に上演され、宝塚漬けの日々を過ごした年だった。そのなかでもこの『王家に捧ぐ歌』は私の心を特にわしづかみにし、忘れられない作品だっただけに、今回も楽しみに観劇に臨んだ。思い出話ばかりしていても紙幅がもったいないので、一五年版の宙組公演について記そう。

一幕の幕開け、星組から組替えしたばかりの真風涼帆が、アイーダの本当の気持ちを理解しきれなかった兄ウバルド役で登場する。躍動感がある彼女の身のこなしは、星組で若手ダンサーだった真風ならではでさすがにかっこよかった。特に、真風らエチオピアの若者たちの場面から始まる二幕の幕開けは、歌いながら銀橋を渡る三人のステップが軽やかでさわやかさがあり、エジプトに負けたエチオピア戦士のみじめさを感じさせないところが観ていて気持ちがよかった。宝塚で演じる以上、ファンとしては戦場のリアルさよりも、さわやかさやすてきさを失ってほしくないと願うが、真風の品のよさもあってファンの欲望を満たしてくれ、安心して観劇ができた。ただ、組替えしたばかりで遠慮があるのか、真風の素の優しさが見え隠れしてしまう部分もあり、敵国の王子のやさぐれた雰囲気をもう少し自由闊達に演じてもよかった気がする。

ラダメス役の朝夏、アイーダ役の実咲凜音、アムネリス役の伶美うらら、それぞれが大役をよくこなしたと思う。特に朝夏に関しては、歌唱力が数年前よりも伸び、大健闘だった。勝利したエジプトの贅沢三昧・豪華絢爛を表す場面が多いこの作品で、ラダメスもアムネリスも甲冑のような重そうな衣装を着こなし、それだけでもよく頑張っていると感じた。ただ、力強さ、男としての魅力、包容力の面が際立つラダメス将軍ではなく、将軍の強さやエネルギーを感じる前に美しく優しくまとめられすぎたラダメスがそこにはいた。

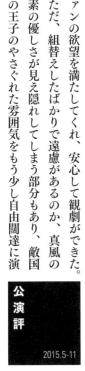

初演ではアイーダ役の安蘭けいがはまり役だっただけに、今回の実咲は克服する壁がいくつもあったと思う。だが、男役が演じたアイーダの役を娘役として、捕らわれの身であっても王女の威厳を失わない厳格さに加えて美しさも持ち合わせたかわいらしさをもって演じた。地下牢に閉じ込められたラダメスとアイーダが再会できたシーンで私が初めて感動できたのは、実咲の演技力のおかげだと思う。主要三役中で、実咲のアイーダを私は最も評価したい。

最初にアムネリスを演じる伶美を見たときは、檀れいかと思うほどよく似ていた。衣装と化粧が似ていたせいもあるかもしれないが、仕草や台詞回しのすべてで檀が乗り移ったかのようで、前作の映像を見て勉強しすぎたのだろうか。もともと演技力はある伶美なので本来の彼女の演技も見られたらよかったかもしれない。

観劇途中で、作品に引き込まれ涙を流したりうっとりしたりという宝塚の醍醐味を味わう場面もあるにはあったが、それでもやはり、大作をこなすそれぞれの力みや役を乗り越えきれない壁などが見え隠れして、私にとっては落ち着かない観劇だった。ストーリーと曲はとにかくいい作品だと思う。それぞれの努力がよく見える公演ではあったが、各生徒が役を攻略することで精いっぱいに見え、観客としては後半のクライマックスに入るまで、どうにも星組公演と比較してしまい作品に没頭することができなかった。それでは、私の観劇は満足とはいえない。

リバイバル作品を観劇する際、ほかの公演では初めは初演を意識するが、観劇回数を重ねるたびに比較をしなくなり、その組のよさを見つけて楽しめるのだが、今回の上演で残念なのはとうとうその瞬間が訪れなかったことだ。確かに、初演のインパクトが強かったうえに、現在の生徒たちの小粒感は否めないが、それ以上に脚本の力が大きいと思う。これだけ壮大で、内容もいい作品なのだから、今回の配役に合わせて書き直してほしかった。例えば、初演ではトップ娘役の檀れい用に書かれたアムネリスの役を演じる伶美うららの場面が重すぎて気の毒だった。美しさと気高さを併せ持つエジプトの王女と女官が、負けたエチオピアの王女を卑下する場面は、以前から見ていて気持ちがいいものではなかったが、宝塚の男役の二番手がアイーダを演じ、トップ娘役がアムネリスを演じたから成り立つあの場面を、実咲と伶美で演じるには無理があった。あの場面をカットしても本編に影響は出ないように思うし、そのかわりに、男役二番手が演じることになったウバルドの場面を増やすなどの脚本の手直しがあれば、もう少し楽しめたような気がしてならない。役者が変われば作品が変わるのは当然だが、いい方向に変えることもできただろう。生徒の力を存分に引き立たせる配慮を望んでしまうリバイバル作品だった。

ただし、宝塚大劇場の初日と、東京宝塚劇場の千秋楽直前に観劇した友人いわく、「東京にきてからものすごくよくなった」ということなので、それぞれに考え抜いて惜しまずに努力したのは確かだと思う。

この公演で三人の生徒が卒業した。ベテランの娘役二人と若い男役。娘役の花里まなは、娘役アンサンブルのなかでひときわ美しくて可憐で、娘役を代表するような生徒だった。大ベテランの大海亜呼は、とにかくすべてに一生懸命な生徒だった。役が付いてからはもちろん、付く前の下級生のときから、舞台のどこにいても手を抜くことがなく、与えられた役をきっちりこなし全身で演技をしていた。その姿を見て、宝塚を象徴する生徒だとしばしば感じた。手足が長く、エレガントなダンスも躍動的なそれもこなす彼女は、宝塚八十八周年の轟悠『Stylish!』（専科、二〇〇二年）や蘭寿とむの『"R"ising!!』（宙組、二〇一〇年）などのコンサートに出演した際は、つい目を奪われる生徒だった。同期生に柚希礼音や映美くららがいる華の八十五期生の彼女も研十七にして退団した。東京公演の千秋楽の挨拶で「楽しかった〜」とすがすがしく言った雄姿は印象的である。最後の公演ではエチオピアの囚人役で苦しい表情が多かったが、初日や貸し切り公演の終演後の挨拶のときには、舞台の端ながらいつも以上に満面の笑みで幸せそうな彼女の姿があり、退団後の人生に幸多かれと願わずにはいられない。

対談

スター作りの回転が加速した半年間

二〇一五年五―十月の外箱公演

藪下哲司／鶴岡英理子

宝塚の外箱公演について、『宝塚イズム』編著者の藪下哲司と鶴岡英理子が語り合う企画の第二段です。宝塚百一年後半の外箱公演は、数も多く、また宝塚全体の人事の胎動が感じられる作品が並びました。各組の公演から見えてくるものをまとめて振り返っていきます。

名作再演と異色作品の雪組

鶴岡英理子▼この企画も二回目ということで、二〇一五年五月以降からの外箱公演についてお話ししていきたいのですが、すみません、私がこの夏あまりにも多忙でバウホール公演をあまり観られていないんです。日本青年館が閉館になったことも影響していたと思いますが、東京公演がない作品が多くて。なのでいろいろ教えてください。まずは、こちらの初日が先ですね、博多座の雪組公演『**星影の人**』と『**ファンシー・ガイ!**』◆1です。

藪下哲司▼これは私が行っていないので、鶴岡さんいかがでした？

◆1　雪組
『星影の人』
作◆柴田侑宏
演出◆中村 暁
『ファンシー・ガイ!』
作・演出◆三木章雄
博多座／
2015年5月

公演評

2015.5-10

鶴岡▼ 早霧せいなの沖田総司がピッタリでした。大変よかったというのが第一印象でしたね。また咲妃みゆのヒロイン玉勇がこれまでとはちょっと雰囲気が違っていて。

薮下▼ 初演が高宮沙千で、再演が白羽ゆりですね。

鶴岡▼ ええ、だからちょっと総司に対して年上の女性というイメージをもっていたので、咲妃だとどうなるのかな？と思ったりもしたのですが、実際脚本にそう指定されているわけではなかったんだと改めてわかりました。早霧と咲妃はとてもかわいらしい夢々しいコンビですが、それが生きて、けなげな感じと一生懸命さがよく伝わりました。華形ひかるの土方歳三はじめ、周りもみんなよかったですし、何しろ男役も娘役も役が多い。それこそ舞妓さんが歩きながらでも「暑いな〜」とか、必ず台詞があって、ものすごくたくさんの人を上手に使っている。このあたりはいまの若い作家さんたちに学んでほしいところですね。全体にもさすがは、柴田侑宏絶好調時の作品だという完成度の高さがありました。

薮下▼ 汀夏子の初演、水夏希の再演と、雪組の財産として受け継がれている作品になりましたね。『ルパン三世――王妃の首飾りを追え！』（雪組、二〇一五年）も日本人と考えると、早霧は見事に日本物ばかり続くことになりますが。ショーの『ファンシー・ガイ！』は今年の正月にやったばかりの、直近の作品の再演ということになりました。

鶴岡▼ それをガラッと変えてきていまして。まずプロローグの色彩が、周りが黄色に紫で、真ん中が赤と紫というちょっとどうなの？という配色でしたでしょう？　それを周りは変わらないのですが、早霧と咲妃だけ黒にしたことによって抜群に締まったのに象徴されるように、とてもはつらつとスッキリしたショーになっていました。夢乃聖夏の退団や、望海風斗の雪組初披露という要素がなくなったので、男役同士の耽美なシーンなどがトップコンビのデュエットダンスに入れ替わって、イメージもグッと明るくなりました。あと、ちょっと言い方に悩むところなのですが、この座組で誰が歌うのかな？が気になっていたんですけれども（笑）。

薮下▼ あぁ、確かに歌を武器にする人がいませんね（笑）。

鶴岡▼ ええ、そこをどうするんだろう？と思っていて、フィナーレにものすごく難しいアレンジの「愛の讃歌」などもありましたでしょう？

◆2　雪組
『アル・カポネ
――スカーフェイスに
秘められた真実』
作・演出◆原田　諒
シアター・ドラマシティ／
2015年5月
赤坂ACTシアター／
5▼6月

薮下▼望海風斗が見事に歌っていたところですね。

鶴岡▼私は、あれはカットだと信じていたほどなんですが（笑）彩風咲奈が果敢に歌っていて。それなりにちゃんと仕上げてきたのには驚きました。

薮下▼火事場の底力ですね（笑）。まぁでももともと力はある人ですから。研三くらいからもう新人公演で主演をしていてね。

鶴岡▼五回くらい主演した御曹司なので、やはりそれだけのことはあるなというのと、これは振り返るからこそ思うことですが、いま、宝塚が推し進めようとしているスターの若返りが、ここにもちゃんと表れてもいたのだなと。でもまずこの公演としては全体にとてもいい二本立てでした。

薮下▼で、この裏が『アル・カポネ――スカーフェイスに秘められた真実』◆2ですね。二番手の望海風斗が極悪人を演じる。『華やかなりし日々』（宙組、二〇一二年）をはじめ注目を集めている原田諒の新作で、面白くできてはいたんですが、一九二〇年代を代表するマフィアのアル・カポネが、実は善人だったという作りにはちょっとびっくりしました。

鶴岡▼ダークヒーローを宝塚で取り上げるんだ、これはまた異色だなと思っていたら……（笑）。

薮下▼そうなんですよ（笑）。カポネが自分を描いた映画の脚本家、永久輝せあがやっているベン・ヘクトを呼び出して、このときには実はこういうことがあったんだ、と自己弁護をしながら進みますからね。しかも二幕で彼を追うエリオット・ネスの月城かなとが登場して追跡劇になるのかと思ったら、友情物語になって。

鶴岡▼友情物にしたいのであれば、エリオットの登場があまりにも遅いですよね。あれだけの関わりで親友だといわれても、ちょっとついていけない。

薮下▼そこは完全に原田諒のフィクションで、実際にはカポネとエリオット・ネスは刑務所ですれ違ったくらいで、会ったこともないそうです。そういうフィクションが入ってくることもあって、一幕と二幕がガラッと変わりすぎる印象を受けました。特に夏美ようが、一幕はマフィアの大ボスで、二幕は警視総監で出るというのがね。あの使い方はちょっとよくなかったかな。

鶴岡▼月城も前半モブにたくさん入っていて、また彼女も目立つから、初登場のインパクトが生きなくて、少人数の公演とはいえちょっと考えどころでしたね。

公演評

2015.5-10

◆3　星組
『大海賊』
作・演出◆中村 暁
『Amour それは…』
作・演出◆岡田敬二
全国ツアー
2015年6▼7月

薮下▼そのなかではジャック・マクガーンをやった真那春人が、貧しい新聞売りの少年がカポネに拾われて腹心の部下にまで上り詰めるというおいしい役どころで目立ちました。初登場も客席からで、しかもソロまであってね。

鶴岡▼いちばんいい役だったんじゃないでしょうか？　力のある人ですからとても達者にやっていたので、さらに目を引いたというところもあったとは思いますが。あとは、娘役の役がなさすぎたのが残念でした。

薮下▼大湖せしるのカポネの妻が一応ヒロインにあたるんでしょうが、それさえもあまり書き込まれてはいませんでしたからね。有沙瞳の子ども役などはほとんど最後のほうだけで。

鶴岡▼私一幕いったい有沙はどうしたんだ？と思いましたもの。ずっとモブでしたから。

薮下▼ただ、そうした問題はあるにもせよ、望海をはじめみんな歌がすばらしかったですね。月城、永久輝、真那、香綾しずるもよく歌っていましたので、歌合戦的な色合いもありました。

鶴岡▼歌える人は全員こっちに来ちゃったんだ！というくらいで（笑）、博多座には大満足していたんですが、でも一方で幕開き望海が歌い出したら、あー歌えるっていいなぁとしみじみ思いました。松井るみの樽の装置も面白かったです。それだけにせっかくカポネでいくと決めたなら、もう少しヒールでもよかったのかな？と。

薮下▼悪の魅力でいってほしかったですね。なんでもかんでもいい人にしなくても、そこまで宝塚におもねらなくてもね（笑）。

新生星組誕生、さらに紅ゆずるに代表作

鶴岡▼続いて星組の全国ツアー『大海賊』『Amour それは…』◆3です。

薮下▼柚希礼音から星組トップスターを引き継いだ北翔海莉主演、五月十日に千秋楽を迎えてわずか一カ月後の六月十二日初日ということで、非常に素早い新生星組のスタートになりました。これは神奈川県民ホールでごらんになりましたか？

鶴岡▼そうなんですが、初日には行かれなかったので北翔トップお披露目の華やぎには残念ながら立ち会えませんでした。でも熱気にあふれていて、もと

もと『大海賊』は紫吹淳のお披露目用の作品なのでお披露目には合っていたかな?と思いますが、ただ北翔と妃海風のキャラクターに合っていたか?というとちょっと疑問が残りました。へなちょこの貴族の青年が両親を殺され、命からがら海賊に拾われ、鍛えられて復讐を果たせる大海賊にまで成長するという物語ですが、北翔だと最初から強そうなので(笑)。

薮下▶スタートの設定が十代なのでね、北翔なりに若々しく作ってはいましたが、確かに無理はあったかな(笑)。でもあまり辻褄の合っていない話ですが、北翔、妃海という実力派コンビが演じると、なかなかよくできていると思わせましたね。

鶴岡▶私は紫吹バージョンのときから、中村暁さんの芝居物のなかではナンバーワンの作品ではないか?と思っています。音楽も殺陣の入り方もいいですし。

薮下▶二人が出会って一目惚れをするあたりも、説得力が増していましたね。北翔はこの作品には初演の本公演と新人公演、その後の全国ツアーと全部出ていて、三役演じているのでことのほか思い入れも深かったようで、やりたかった作品だったと聞いています。

鶴岡▶そうだったんですか。確かに役が多いのも新生星組にはよかったですね。音波みのりのアンも大役でよかったですし、礼真琴がとても男役らしくカッコよくなって。

薮下▶初演で伊織直加がやった海賊のキッド役ですね。あとは、エドガーの十輝いりす。これあまり悪役に見えませんでした。まぁ、初演の湖月わたるもそうだったんですが(笑)。

鶴岡▶脚本上はすごく悪い人なのに、どこか「大きいことはいいことだ」的な雰囲気があって(笑)。

薮下▶そのあたりが宝塚らしさでもあるんだけれども、悠未ひろのように素顔は本当にかわいい人なのに、すごい悪役をきちんとできる人もいましたから、もう少し徹してほしいかな。あとは麻央侑希が初演で大和悠河のやった役で、やはり星組の次代を担うメンバーの一人ですね。それにしてもトップスターが変わると、組の香りが出てきていました。レビューが変わると、組の雰囲気が変わりますね。

鶴岡▶芝居の組の香りが出てきていました。レビューが『Amour それは…』で、岡田敬二の雅やかなロマンチック・レビューだったこともあったかもしれませんが。

公演評

2015.5-10

◆4　星組

『キャッチ・ミー・イフ・ユー・キャン』

原作映画◆ドリームワークス

脚本◆テレンス・マクナリー

作詞・作曲◆マーク・シャイマン

作詞◆スコット・ウィットマン

日本語脚本・歌詞、演出◆小柳奈穂子

赤坂ACTシアター／2015年6月

シアター・ドラマシティ／6▼7月

薮下▼　これも柚希時代のショーとはガラリと趣が変わって、大人っぽくなりました。なんといってもなかほどで北翔が客席降りをしながら英語でメドレーを歌う場面、あのエンターテイナーぶりは圧巻でした。

鶴岡▼　レビュー全体の白眉でしたね。歌手の方の歌謡ショーのようで、次元が違う印象さえもちました。それからやはり礼真琴の歌唱力。ここまで歌える北翔から歌い継いでもひけを取らなかったのには驚きました。

薮下▼　全体に三十五人ほどの人数でよく盛り上げていました。そして、同じ星組で『**キャッチ・ミー・イフ・ユー・キャン**』◆4。紅ゆずるの主演で、宙組から組替えになった七海ひろきの星組での初めての公演です。

鶴岡▼　これは私、紅の代表作になったと思っています。

薮下▼　まさしくそうですね。この作品は男女版の公演でほんの一年前に上演されていて、元宝塚の荻田浩一の演出でしたが、宝塚版のほうが舞台が弾んでいる印象がありました。非常にシャレていたし、出ずっぱりしゃべりっぱなしの紅が実によくやっていました。しかも詐欺師の話だから、パイロットに化けたり、医者に化けたりするんだけれど、そのどれもが紅にピッタリでね。

鶴岡▼　引き当てたといいますか。トップスターを何年も務めてもこれという代表作に恵まれない人もいるなかで、いまの段階でこれだけのハマり役に出合ったというのは大きかったと思います。七海ひろきがその紅と疑似親子のような関係になる刑事役ですが、七海の温かい個性がよく生きていたし、紅ともいいコンビネーションで。

薮下▼　七海も宙組最後の公演だった『TOP HAT』（宙組、二〇一五年）のプロデューサー役から、ほとんど間を置かずにこの刑事役でしたが、ひょっとしたら今年の助演男役賞かな？というほどの出来でした。綺咲愛里も後半だけの出番ですが、健闘していましたね。

鶴岡▼　ミュージカル的にショーストップを期待されるナンバーのある役ですが、よく支えたと思います。専科の夏美よう、悠真倫も好助演で。

薮下▼　紅が真ん中にいることによって、これまでの星組カラーが感じられるのも面白いと思いました。演出の小柳さんは『ルパン三世』といい、ここ最近ずっと平均点を上回っている人で、いちばんの詐欺師は小柳さんかな?と思うくらい（笑）いい舞台になりました。

フレッシュな顔ぶれが定着した花組

鶴岡▼ そして、花組**『ベルサイユのばら——フェルゼンとマリー・アントワネット編』『宝塚幻想曲《タカラヅカファンタジア》』**◆5です。

薮下▼ 台湾公演の試演で、梅田芸術劇場メインホールでの短期間の公演で、このまま台湾にもっていきますというのを見せていましたが、『ベルサイユのばら』の緞帳も漢字をあてていて。

鶴岡▼ 初めて見たときは衝撃でした。どう読むんだろうと幕に見入ってしまって（笑）。

薮下▼ もともとは二時間半あるものを二本立ての一本に短縮しているので、すごいダイジェスト版でしたね。

鶴岡▼ オスカルとアンドレに絡みがないどころか、台詞さえ交わさないというつらさはありましたが『フェルゼンとマリー・アントワネット編』で断頭台まである流れを、よくぞまとめたなとは思いました。

薮下▼ これは湖月わたると白羽ゆりで韓国に行ったバージョン、あれも二本立ての一本だったのでそれをベースにしているかと思いますが、『ベルサイユのばら』というのは初演以来一度も同じ脚本で上演したことがない。少しずつ変えながらきていて、バスティーユが回想形式になったのが、まさしくその韓国公演からですが、一度そう構成するとそのまま固まる傾向にあるんですね。それは、ときによって戻してもいいのではないか?と。今回は特に時系列でもよかったように思うし、メルシー伯爵がフェルゼンに帰国を促す長いシーンも、場合によっては外してもいいかもしれませんね。

鶴岡▼ 初演はいまより上演時間が三十分長い時代だったそうですが、やはり二本立てだったのにマリー・アントワネットの少女時代から断頭台まで全部入っていて、カーテン前のほんの短い場面とはいえオスカルとアンドレの「今宵一夜」もあったんですよね。一度あれをベースに戻して構築し直してもいいかもしれません。

薮下▼ 全く同感です。そこからもちろん新しいものでいい場面は加えて、集大成バージョンを作ってほ

◆5　花組
『ベルサイユのばら——フェルゼンとマリー・アントワネット編』
脚本・演出◆植田紳爾
演出◆谷 正純
『宝塚幻想曲《タカラヅカファンタジア》』
作・演出◆稲葉太地
梅田芸術劇場／2015年7月

公演評

'2015.5-10

◆6　花組
『スターダム』
作・演出◆正塚晴彦
宝塚バウホール／
2015年7▼8月

しいですね。今回の明日海りおは大変だったと思いますが、最後の牢獄のシーンによく集中していました。フェルゼンとアントワネットの絡みが濃厚なので、まぁ、終わりよければすべてよし、かな？というところはありました。

鶴岡▼アントワネットの花乃まりあも、時間が足りないから台詞に「巻け！」っていう指示でも出てるの？と思ったくらい早口だったんですが、二度目に観たときにはそれが格段によくなっていたので、伸び盛りだなと。そしてやはり感じたのはどんなに短いバージョンだろうとも、オスカルはいい役だということでした（笑）。柚香光は儲けましたね。

薮下▼そうですね（笑）。そして『宝塚幻想曲』『カリスタの海に抱かれて』（花組、二〇一五年）と同時上演だったところから、すぐ引き続いての公演です。

鶴岡▼まだ全作品出そろってはいない段階ですが、私はこれが今年のショー作品のなかのナンバーワンではないかなと。

薮下▼そう思います。ヒット作品ですね。和テイストをうまく加味してすばらしかった。

鶴岡▼行く先がアジアなので、あまり和物感を強調してしても違うと思うのですが、そのさじ加減が絶妙で、場面単体で見てもすてきなシーンがたくさんありました。台湾で親しまれている曲に音楽を入れ替えたところもとてもよかったです。

薮下▼明日海が花魁から男役に早替わりをするシーンも工夫しましたよね。

鶴岡▼本公演のときは奥に立っているだけだったので、せっかく明日海きれいなのにもったいない！と思ったのですが、前に出てくる演出になっていてよくなりました。

薮下▼八十人でやっていたものを三十五人でやっていて、それを全く感じさせませんでしたから。明日海、芹香斗亜、柚香という花組の新しいラインを確定する意味もある公演だったと思います。専科の美穂圭子の歌も生きていましたね。

鶴岡▼海外にこういう秀作をもっていけるのはうれしいです。そして、若手さんたちのバウホール公演『スターダム』◆6。月組から組替えしてきて急成長中の鳳月杏主演ですが、いかがでしたか？

薮下▼正塚晴彦の久々の新作といっていいのかな？テレビのオーディション番組が舞台で、かつては大人気だったのが現在は視聴率が低迷していて、どうするかというときに、審査員が色めき立つようなスター性をもった青年が受けにくる。それを鳳月が演じます。

鶴岡▼そこまでのスター性をもった青年という役どころのリアリティーを、鳳月は出せていましたか?

薮下▼そう聞かれると(笑)。彼女の個性というのはなかなか難しくて。月組時代もクリーンヒットといえるまでのものはなかったかな?というところから、花組に組替えになって以降、宝塚歌劇団の押し方が尋常ではないでしょう。来年の『Ernest in Love』では二番手の芹香と役替わりでアルジャノンをやるというね。

鶴岡▼あの発表は驚きました。私は芹香と柚香でダブルキャストかも?と想像していたのですが、なんと鳳月で。

薮下▼花組の明日海、芹香、柚香ラインに割って入らんがばかりの勢いなのでね。ただ、初登場時点で、遊んでいた審査員の手が一斉に止まるというほどのオーラがあるか?というと、そこまではまだ難しかったかな。でも雰囲気はあるし、作品が二幕に入って急展開で面白くなっていくのと一緒に、鳳月の魅力もどんどん出てきた感じはありました。だから力はあると思います。

鶴岡▼それこそ「スターダム」に乗せようとしているのは確かなので、注目していきたいですね。『新源氏物語』(花組、二〇一五年)の夕霧役もスターがやってきた役どころですし。

薮下▼『Melodia――熱く美しき旋律』(花組、二〇一五年)の女役もよかったですからね。そして、ライバル役で出た水美舞斗は、金持ちのぼんぼんで世の中金の力でどうにでもなるだろうと思っている、ハングリー精神のない役どころなんですが、人目を引き付けるスター性がありました。

鶴岡▼彼女は柚香の同期なので、どうしても陰に隠れたところがあったと思うのですが、ここで新人公演主演もやり、バウで大きな役もやり、うまく使ってほしい人材ですね。彼女こそ組替えを考えてあげてもいいかもしれない。真ん中がいけますよね。『Melodia』でもバーンと真ん中のシーンがあって、それがちゃんとできていたので、このままはもったいないですね。

薮下▼あとはロッカーとして一世を風靡したのだけれど、いまはオーディション番組の審査員で食いつないでいるというのが天真みちるの役でしたが、かつてはスターだったという香りをちゃんと出してい

公演評

2015.5-10

◆7 専科
『オイディプス王』
脚色・演出◆小柳奈穂子
宝塚バウホール／
2015年8月

◆8 月組
『DRAGON NIGHT!!』
作・演出◆藤井大介
シアター・ドラマシティ／
2015年9月
文京シビックホール／
9月

て、これは相変わらず達者でしたね。フィナーレでは鳳月、水美と三人で踊るシーンもあったのですが、全くひけを取っていなくて、華やかなシーンもやれといわれればちゃんとやれるんだなと。『新源氏物語』では専科の京三紗の父親役もちゃんとこなしていましたし、本当に貴重な人ですね。

六分割された月組の成果

鶴岡▼そこから轟悠主演の専科公演『**オイディプス王**◆7』ですが、月組から飛鳥裕、憧花ゆりの、光月るう、そしてヒロインで凪七瑠海が加わった公演です。

薮下▼月組がここでものすごく分かれたんでしたね。

鶴岡▼六チームに分かれました。ちょっとかつてなかったのではないでしょうか。

薮下▼そのなかでこの『オイディプス王』は轟悠の大芝居を楽しむという公演でした。演出の小柳奈穂子さんは、バウホールでは『かもめ』（星組、二〇一四年）など実験的な作品が多いのですが、『オイディプス王』もわりと忠実にやりながらも、台詞を歌にしたりしていて。轟悠を中心にしながら、ここは夏美よう、ここは凪七、ここは沙央くらまというように、場面場面で共演者それぞれにもワンポイントで大きな見せ場がある。華形ひかるが狂言回し的な役どころですが、みんな大変に質が高かったですね。凪七はオイディプスの母であることがわかるという驚愕の展開もあるポジションで、台詞の声も高めに作って、男役の押し出しもあり、この役はピッタリでした。

鶴岡▼エリザベートといい、凪七は女役のヒットが多いですね。

薮下▼主演の轟悠の芝居はもういうまでもないという風格で、轟を観るための公演、ほとんど歌舞伎の域でした。あとは光月の台詞と歌がすばらしかったですし、憧花が前半の説明をすべて担う役で、轟の登場まですべて一人でしゃべっていてよく支えていましたね。宝塚でこんなこともできるぞ！という可能性の広がりを感じさせる公演でした。

鶴岡▼轟の存在意義ですね。そして月組『**DRAGON NIGHT!!**◆8』になります。

薮下▼龍真咲のワンマンショーですね。藤井大介の作・演出ですが、曲の選択などには龍本人の意向が相当入っているようです。ACT1が「龍JIN」

で、これまで龍があまりやってこなかったようなものをお国めぐりのレビューの王道形式で見せ、ACT2が「真JITSU」で龍が龍宮城で亀になって（笑）日替わりで出演者を呼んでトークと歌、ACT3が「HANA咲」で、ラテンコーナーと、歌ってみたいミュージカルナンバー、全部で「龍真咲」という構成でしたね。

鶴岡▼これまで宝塚でトップスターがやってきたコンサートとはまたちょっと違って、この赤いバラの柄物のスーツが誰にでも着こなせるものではないように、龍のちょっとこってりした個性がよく出たショーだったかなと。亀の着ぐるみも誰でもは着てくれないと思うので（笑）関西人的なノリのよさも感じました。このトークがあることによって出演者全員に注目が集まるシーンもありましたし、貴澄隼人のように、普段の本公演では脇をしっかり固めているのだけれど、実はものすごく歌がうまいというような人にも場面があったのもよかったですね。

薮下▼だからとても盛りだくさんではあったんだけれども、その分、少しまとまりに欠けるかな？という部分もありました。

鶴岡▼それに加えて、この公演のあと月組には、もう誰もがあっと口を開けんばかりに驚いた発表がありましたでしょう？

薮下▼珠城りょうと愛希れいか主演で全国ツアーを周り、龍はまたコンサートをするというね。

鶴岡▼そこにいたる方向性が見えた公演でもあって、珠城がプログラムの扱いでも、カーテンコールの挨拶でも美弥るりかより上になった。ですから、まだわかりませんけれども、トップスターとしての任期も現在いちばん長くなっている龍の時代のまとめに入ろうとしているのかな？が、どこかに感じられるショーでもあったと思います。

薮下▼珠城がものすごく遠慮しているのが透けて見えましたね（笑）。

鶴岡▼あくまでも龍のコンサートなので、龍を中心にバンとまとめてもらって、人事的なことは透けて見えないほうがよかったですよね。

薮下▼もちろんそれが内容に関係あるのか？といわれれば、ないともいえるんだけれども、やはり宝塚にとってスター分布図というのは大きな要素の一つなので、その予兆が感じられるというのは、微妙な空気をはらみますから。

鶴岡▼全体に落ち着かなさが残った要因にもなった

◆9 月組
『A-EN《エイエン》』
作・演出◆野口幸作
宝塚バウホール／2015年8▼9月

ように思います。龍の天衣無縫な魅力はよく出ていたし、目新しいミュージカルナンバーへの挑戦もあっただけに、もったいなかったなと。そこから、やはり月組若手のバウワークショップ『A-EN《エイエン》』◆9。朝美絢主演と、暁千星主演バージョンですが、これは全く別チームだったんですよね？

藪下▼二十人ずつ全くの別チームで、さらに内容もそれぞれ異なりました。曲だけは少し重複していたのですが、同じハイスクールが舞台になっていて、朝美が卒業を前にした三年生、暁はもうすぐ二年生になる一年生という形で学年も違います。朝美が学園一のハンサムという設定で、紫乃小雪の演じる写真家志望の全く冴えない女子高校生をシンデレラにしていく話です。暁のほうは逆で、アニメオタクのうだつが上がらない暁が、チアリーダーで学園一の美少女の海乃美月にカッコいい男子に育てられていく、という話で裏表になっていて、脚本も全く別物ですね。

鶴岡▼来年ショー作家として大劇場デビューが決まっている野口幸作さんですが、凝ったことをしましたね。

藪下▼さらに後半にショーがついて、場割りはだいたい一緒なのですが、これの内容も違っていました。例えば暁は踊れるので、これでもかこれでもかとダンスのシーンが続く。何しろショーの構成が、全場面中心が朝美であり暁なので、暁の身体能力の高さが目立ちました。ただ、やはり登場したときのインパクトは朝美に一日の長があって、『PUCK《パック》』（月組、二〇一四年）の新人公演で一気にブレイクした人ですが、ちょっとツンデレぎみなカッコよさを発揮していました。暁はそこからするとまだ幼さがね。

鶴岡▼男役は経験値なので、それは朝美が目立ったでしょうね。暁は目下踊っているときがいちばんすてきという段階ですし。でも『1789――バスティーユの恋人たち』（月組、二〇一五年）の破格の扱いなどを見ると、劇団の期待度は相当高そうですね。

藪下▼あとは、これだけ月組が分かれただけはあって、配属されたばかりの研一生や研二生が大きく抜擢されていて、朝美版では風間柚乃、天紫珠李、暁版では英かおと、礼華はるが活躍していて目を引きました。風間は第二の天海祐希とも噂される美貌の持ち主で、女役で踊るシーンがとてもきれいでしたし、天紫は歌がうまくてなんと客席から登場して歌うシーンまであって。従来なら組周り中でバウ公演

◆10　月組
『Wonder of Love』
構成・演出◆小柳奈穂子
宝塚ホテル／
2015年9月
第一ホテル東京／
2015年9月

には出ないことも多かったほどですが、それが組子としてもうこれだけ活躍するというね。暁版の英と、礼華も重用されていて、特に礼華が目立ちました。朝美版では輝月ゆうま、暁版では蓮つかさがつなぎのポジションに入っていて、二十人全員が大活躍でしたね。とにかく若手に場数を踏まそうという意図が随所に感じられる公演でした。

鶴岡▼ワークショップの意義を最大限に生かした公演といえそうですね。それで、六チームに分かれた月組のあと二チームが、トップ娘役愛希れいかを中心としたミュージック・パフォーマンスと、専科に異動した星条海斗のディナーショーですね。星条のほうにはちょっと行けなかったのですが、愛希のミュージック・パフォーマンス『Wonder of Love』◆10には行ってきました。これは正直発表になったときには、愛希は次の公演で退団なのかな？と思ったのですが。

薮下▼そう思いますよね。娘役中心のディナーショーが東京にまで行くということでね。

鶴岡▼でも結果はそうではなかったので、トップ娘役としてキャリアを積んできた愛希の魅力の再発見的なものになったと思うのですが、宝塚ショーメドレーを含んだオープニング、ポスターにもなっている『オズの魔法使い』をモチーフにした芝居仕立てで進んだミュージカルコーナー、メガネっ子だった愛希が、華麗にアイドルに変身！という趣向の「The アイドル！」、そしてバリバリに踊るダンスコーナーと続いて、かなりのボリュームでした。何より愛希が踊れるので、こんなに踊るディナーショーって初めて見たという印象で。愛希はもともと男役でしたので、身長もありますし、とてもダイナミックなダンスでした。共演の男役四人、響れおな、宇月颯、貴千碧、煌月爽矢それぞれと踊るシーンもあって、このメンバーは普段トップ娘役と組んで踊るということはなかなかないですからそういう意味でも目新しかったです。

薮下▼これもまた小柳奈穂子さんで、大活躍ですね。

鶴岡▼いまとなってはどうしてこういう企画になったのかはわからないんだけれども（笑）月組を六分割したことで、とてもたくさんの人に光が当たり、見せ場があったのは確かだと思います。

薮下▼ただ、次の大劇場『舞音――MANON』は一緒だけれど、またその次で龍と愛希は別々なんですよね。

◆11 宙組
『メランコリック・ジゴロ』
作・演出◆正塚晴彦
『シトラスの風Ⅲ』
作・演出◆岡田敬二
全国ツアー
2015年10▼11月

鶴岡▼全国ツアーとコンサートに分かれますから。しかも『1789』で組んでいないので。

薮下▼まぁ『舞音』がどうなってくるかで、また印象も変わるでしょうが、かなり特殊な感じのトップコンビになってきましたね。

絶妙なキャスティングの再演と、未来予想図明確化の宙組

鶴岡▼そして宙組、全国ツアー『**メランコリック・ジゴロ**』『**シトラスの風Ⅲ**』◆11ですね。

薮下▼『メランコリック・ジゴロ』は、初演から三回目の上演で、初演の安寿ミラと真矢ミキ（※在団当時はみき）、再演が真飛聖と壮一帆で、今回三演目で朝夏まなとと真風涼帆ということでしたが、初演の雰囲気にかなり近かったかなと。朝夏のダニエルが大学生で学費を捻出するために、本意ではないながらジゴロをやっている、その感じがとてもよく出ていて似合っていましたね。そして真風ですが、宙組初加入の『王家に捧ぐ歌』（二〇一五年）では、あまり大きな役ではなかったのが、今回のスタンは大役で。

鶴岡▼朝夏とほとんど拮抗するくらい大きな役ですよね。

薮下▼このトップ二番手コンビのお披露目的作品だと思いますが、非常にいいコンビネーションでした。

鶴岡▼ここまで大柄のダニエルとスタンというのは初めてで新鮮でした。足を車輪のように回す振りがありますけれど、朝夏の足が余っているように見えて（笑）本当に手足が長いですね。

薮下▼ヒロインのフェリシアの実咲凜音もアイーダを経験したあとに、余力を残して演じている感じが、とても心地よかったですね。軽く流して歌っている風情でいながらちゃんとうまいという。突然お兄ちゃんと訪ねてこられて、朝夏が困りながらもかまっているうちにだんだんと心が通じてくるという過程も、二人ともよく演じていたと思います。こういう再演はキャスティングがハマってくれないと、本当につらいことになるんだけど想像以上にピッタリでしたね。あとは初演で未沙のえるがやったフォンダリの寿つかさが手堅く演じていましたし、その息子の真琴つばさだったバロットが愛月ひかる。ちょっと抜けた感じをよく出していました。またバロットの奥さんのルシルが伶美うららで。

鶴岡▼意外なキャスティングでしたね。てっきりス

タンの恋人のティーナだと思っていました。

薮下▼『王家に捧ぐ歌』のアムネリスのあとと考えるとあまりにも軽い役なんだけれど、それでもあの美貌は映えるし、バロットを尻に敷いている感じもよく出していました。だからそのなかではティーナの彩花まりがちょっと弱かったかな。

鶴岡▼はじけきれない面が残りましたね。これまで新人公演で『風と共に去りぬ』（宙組、二〇一三年）のスカーレットⅡとか、『白夜の誓い――グスタフⅢ世、誇り高き王の戦い』（宙組、二〇一四―一五年）のエカテリーナなどを演じていて、それはなかなかよかったので、こういうコメディーの経験値が低かったのかも。まぁ、初演華陽子の役ですから。

薮下▼これから伸びることを期待しましょう。で、レビューの『シトラスの風Ⅲ』。凰稀かなめが中日劇場でやったバージョンをほぼ踏襲していて、フィナーレだけいじっていました。いかにも岡田レビューのノスタルジーな感じに、朝夏も実咲もよくハマっているんだけど、このレビューの最もメインのシーンの「明日へのエナジー」が、逆にいまとなっては、最近の忙しいショーによくある場面のように見えてね。

鶴岡▼そもそも宙組誕生の象徴的シーンですけれど、ちょっと再演が頻繁すぎたのかも。もちろんだからこそ、朝夏が宙組のトップスターを引き継いだんだな、という感慨は改めてすごくありましたけれど。

薮下▼名場面であることは間違いないんですけれどね。時の流れで観る側の受け取り方が変わってくるのも、ある意味興味深かったです。

鶴岡▼それと中日劇場当時は明確な二番手がいない座組だったので、「ノスタルジア」のシーンの恋敵に組長の寿が扮したのも納得でしたし、寿はもちろんうまいのですが、でもやはり今回は真風でよかったのではと。

薮下▼真風と実咲がフィナーレナンバーで組んだのもちょっと驚きましたよね。

鶴岡▼だから、そこは「ノスタルジア」を三人にさせて、ちゃんと朝夏と実咲のデュエットダンスを入れてほしかったです。やっぱりトップコンビのデュエットダンスって、宝塚にとって大切なものだから。フィナーレは特に定番でいいと思います。むしろ積極的に定番がいいというか。

薮下▼まぁでも公演全体としては、朝夏トップ真風二番手の、宙組男役コンビのお披露目のような色合

◆12 **宙組**
『相続人の肖像』
作・演出◆田渕大輔
宝塚バウホール／2015年10月

いで、その意味ではうまくいきましたね。
鶴岡▼そして、最後に同じ宙組のバウホール『**相続人の肖像**』◆12です。桜木みなとの初主演。ちょうど前回『New Wave!――宙』（宙組、二〇一五年）のときに、メインメンバーを平等に使ってはいるけれど、でもどこか桜木押しではないか？とお話ししていましたが。
藪下▼あのすぐあとにこの主演の発表があって。一人写りのポスターでしたから、『Bandito《バンディート》――義賊サルヴァトーレ・ジュリアーノ』（月組、二〇一五年）の珠城りょうに続いて、それこそ「相続人登場」とね（笑）。
鶴岡▼ゆくゆくは宙組を相続するのかな？という（笑）。いわゆる「花の九十五期」のなかでは遅く出てきたほうだと思いますが、急加速で追いつこうとしていますよね。今回は特に、こんなに貴族の御曹司が似合うんだ！が発見でした。ここまでロイヤルな雰囲気の人なんだなと感心しました。
藪下▼ただ物語の内容としては、かなり自分勝手な話でね（笑）。家を守るために婚約したけれども、やっぱり好きな人ができたからやめる（笑）という流れで。もちろん星風まどかが出てきた時点でそういう展開になるのはわかるんだけれども、どう収めるのかと思ったら、それぞれの求婚者だった蒼羽りくと愛白もあが自分から潔く身を引くという展開で、ちょっとあれでは主役カップルが立たないので、脚本上の欠点かなと。桜木と星風の結び付きの描写もやや希薄ですよね。
鶴岡▼ダンスを踊れば一瞬でわかるという話があって、それで二人でワルツを踊るシーンがあるので、私はラストシーンに歌っているときに、そこは歌じゃないでしょう、ダンスでしょう、ワルツでしょう！とものすごく思いました。あそこでワルツに落とし込むときれいに完結したと思うので、それは声を大にして田渕大輔さんに言いたいです（笑）。また純矢ちとせがすばらしくうまくて。
藪下▼純矢は本当に達者ですね。『TOP HAT』もよかったですし、歌も芝居も実に見事で。『王家に捧ぐ歌』ではアムネリスも観てみたかったくらいで。
鶴岡▼『王家に捧ぐ歌』の純矢の扱いは軽すぎましたから。今回も彼女がいることでずいぶん話が締まったと思います。蒼羽の役どころのはてしなく前向きなところも（笑）面白かった。
藪下▼蒼羽もいい味を出すようになりました。あとは悠真倫、松風輝が、それぞれの持ち場をよく支えていましたし、留衣蒔世の休演は残念でしたが、代役に入った水香依千も頑張っていました。春瀬央季、七生眞希とせっかくイケメンぞろいなので、この使用人たちの恋がもう少し本筋に、主役カップルの恋に影響するように描いていたらもっと深みが増したかな。でもまぁ、この公演はとにかくまず桜木、そして星風ですね。星風はいまや娘役の最注目株かな。

鶴岡▼研一のまだ組配属前に『白夜の誓い』の少年時代のグスタフでセリ下がりをした人ですから。そこから『王家に捧ぐ歌』の新人公演では早くもアイーダ。まさに破竹の勢いですね。でもこうして半年を振り返ってくると、世代交代が顕著になってきたなと。

薮下▼珠城りょうの全国ツアー主演発表がなんといっても象徴的ですが、それに続いて、雪組の次の全国ツアー『哀しみのコルドバ』のキャスティングも、彩凪翔が一つ下がって、永久輝せあが大きな役に上がりましたし、月城かなと主演のバウホールのチケットも、大変入手難になっているということで、各組にかなり動きが出てきています。

鶴岡▼九十五期などは、いずれは五組ともトップスターは九十五期という時代を作ろうとしているのかな?と思うほどの勢いなのですが。柚香光、礼真琴、月城かなと、桜木みなと、朝美絢、水美舞斗、全部九十五期ですから。

薮下▼組が足りないくらいですね(笑)。そのさらに下に暁千星、永久輝せあがいるのか。

鶴岡▼ええ。だから彼女たちの時代を私が想像していたよりも、もっと早く到来させようとしているのかも?という予兆が感じられる半年だったと思います。

薮下▼スター作りの回転を速めようとしていることが見え隠れしてきたこの半年間といえそうですね。来年も『るろうに剣心』(雪組)をはじめ、作品的にも攻めの姿勢が目立っていますから。

鶴岡▼日本青年館に代わって神奈川芸術劇場を使って、だから東京公演ではないんですけれど(笑)関東での公演もまた増える予定なので、注目していきたいです。

[日時:二〇一五年十月十九日(月) 場所:大阪市内]

OG公演評

2015.5-10

鶴岡英理子

関東篇
さらなる躍進を続けるOGたち

二〇一五年四月から十月までのOG公演をまとめてお送りします……といいつつ、振り返ったその数の多さにはただ感嘆するばかりです。限りのある紙幅のなかでの選択は大変難しく、泣く泣く落とした公演は数知れません。それだけ宝塚OGが演劇界に欠かせない存在になっていることを誇らしく思いながら、ミュージカル、ストレートプレイ、コンサート、ショーと、ジャンルが多岐にわたるものを掲載することを意識してみました。

鳳稀かなめ／白華れみ

▼鳳稀かなめコンサート The Begining

EXシアター六本木／2015年4月
構成・演出◆TETSU

元宙組トップスター鳳稀かなめの退団後初始動のコンサートだった。とかくビジュアルのよさがクローズアップされがちの人だったが、深い芝居心をもっていて表現者の業のようなものも感じさせていたから、おそらくいずれは何かの形でこの世界に戻ってくるだろうとは確信していたが、退団からたった二カ月での活動再開がライブコンサートだったという事実には相当驚かされた。やはり自称するとおりびっくり箱のような人だ。

とはいえ、鳳稀本人には宝塚時代にやり残したこととして、ライブコンサートという形態に思いがあったようで、いきなり二階席に登場したり、映像とコラボして踊るなど、コンサートならではの趣向が満載。なんといっても退団後二カ月でのライブでもあり、ボブの金髪のウイッグで、外国人モデルのように登場したオープニングでアッと言わせた以外は、全体にマニッシュな雰囲気で、過剰に女性を演出していないのが、この時期のコンサートとしてはいい狙いだったと思う。映像で原宿のロリータコスプレの写真館に行った顚末が流れ、自らあまり似合わないことをネタにしてみせたり、おかっぱ頭に瓶底メガネという思い切った出で立ちでのコント風の芝居仕立てなシーンもあるなど盛りだくさん。さまざまに歌われた歌も音域がよく合っていて、見せて聞かせるコンサートになっていたのが何よりだった。星組時代をともに過ごしたOGの白華れみが共演し、宝塚時代にやりたかった演目だったという『ME AND MY GIRL』（一九八七年初演）を披露した以外には、宝塚色のないコンサートだったが、新しい鳳稀かなめの「The Begining」として充実した内容だった。二〇一六年にはフレンチ・ミュージカル『1789――バスティーユの恋人たち』のマリー・アントワネット役を花總まりとのダブルキャストで演じることが決まっている。いよいよ女優として再スタートを果たす鳳稀かなめにも、ますます注目していきたい。

則松亜海

▼Broadway and Beyond Japan

――コルム・ウィルキンソン日本スペシャルコンサート

東急シアターオーブ／2015年4月

『レ・ミゼラブル』（一九八〇年初演）の初代ジャン・バルジャン＝オリジナルキャストであり、『オペラ座の怪人』のカナダ公演（一九八九年）ファントム役のオリジナルキャストであり、『ジキル＆ハイド』（一九九〇年初演）がミュージカル作品として世に出る前に発売されたコンセプト・アルバムで「This is the Moment」を最初に歌った人であり、『レ・ミゼラブル』のバルジャンのナンバー「Bring Him Home」は、彼の高音を生かすためにあとから追加された曲であり……と、書き出していけばキリがない、伝説のミュージカルスター、コルム・ウィルキンソンの初来日公演。ミュージカルファン垂涎のコンサートに、ウエストエンドでファントム役を、ブロードウェイで『レ・ミゼラブル』のジャベール役を演じているアール・カーペンター、カナダで『レ・ミゼラブル』のファンティーヌ役を演じたスーザン・ギルモアと並んで、元宝塚の夢華あみ改め、則松亜海がゲスト参加を果たした。

何より、七十歳を数えたというコルムの高音が全く衰えていないのはただただ驚くばかり。セットリストにはミュージカルナンバーだけでなく、アイルランド民謡やビートルズメドレーなどもあり、幅広い層に向けた世界コンサートツアーということがうかがえた。とはいえやはり、白眉はミュージカルナンバーの数々。アンコールでコルムが『レ・ミゼラブル』のバルジャンの衣装で登場したときの喝采には比類ないものがあったのをはじめ、『オペラ座の怪人』『ジキル＆ハイド』など、代表曲のいずれもが見事な歌唱だった。スーザンの『マンマ・ミーア！』（一九九九年初演）から「The Winner Takes It All」。アールの『ミス・サイゴン』（一九八九年初演）から「ブイ・ドイ」など、大迫力の聴き物が続いたなかで、ソロをする則松の緊張たるやいかばかりかであっただろうが、『エビータ』（一九七八年初演）の「アルゼンチンよ、泣かないで」、アールとのデュエ

OG公演評 2015.5-10

『Broadway and Beyond Japan――コルム・ウィルキンソン日本スペシャルコンサート』　撮影：花井智子

ットで『オペラ座の怪人』の「All I Ask of You」などを果敢にこなして美しいソプラノを披露。宝塚時代から片鱗は見せていたが、まごうかたなき実力派である。全体に、コルムに日本の地で出会えた幸福を喜びたいコンサートだった。

湖月わたる

▼台所太平記

明治座／2015年6月
原作◆谷崎潤一郎『台所太平記』
脚本◆小池倫代　演出◆山田和也

『細雪』『春琴抄』などで名高い耽美文学の巨匠谷崎潤一郎が唯一書いた喜劇を基にした舞台作品である。谷崎家をモデルにしている人気作家千倉磊吉（古谷一行）の家で繰り広げられる「お手伝いさん」たちの騒動記で、谷崎にもこんな作品があったのか、と改めて驚かされたが、そこは文豪の作。「お手伝いさん」という形で、関わる女性たちの個性豊かな描写に、作家の鋭い洞察力を感じる。とはいえ全体はいわゆる人情喜劇で、「お手伝いさん」たちに対する視線が温かく、人が人を雇うことが、単なる労働力の確保ではなく、人の人生を預かることだった時代の美徳がたっぷりとあふれていて胸を打つ。「お手伝いさん」たちに働きながらさまざまな生きる術を身につけさせ、さらにそれぞれに合った身の立つ未来を用意して送り出す。観劇に赴くことは、単なる芝居見物にとどまらず、食事をする、幕間のロビーでさまざまな買い物をするなど、その一日すべてがハレだった時代の空気を、いまも色濃く残している明治座にピッタリの企画で、笑って泣いて、すがすがしい気持ちで劇場をあとにできる作劇が心地いい。千倉夫人の高橋惠子、千倉家にやってきて嫁いでいくまでが描かれる咲花初江の沢口靖子、まだ見ぬ恋を夢みる駒の南野陽子など、一人でもヒロインが張れる格の女優がそろい、座組も豪華絢爛。たっぷりとした見応えがあった。

そんな「お手伝いさん」たちの一人として宝塚OGの湖月わたるが登場。女優を目指している百合役で、何かにつけて「私は女優を目指しているんだから、あなたたちとは違うのよ!」と鼻にかける、いってしまえばちょっと勘違い系の勝ち気な女性役なのだが、湖月が演じるとその振る舞いが全く嫌みでないのは、まさにキャスティングの妙。一人だけ飛び抜けて身長が高いのもおおらかな雰囲気につながり、なんと退団後初のストレートプレイ出演だそうだが、いいスパイスになっていた。心温まる舞台だった。

OG公演評
2015.5-10

ア・フュー・グッドメン

瀬奈じゅん

天王洲 銀河劇場/2015年6月
原作◆アーロン・ソーキン
上演台本・演出◆鈴木勝秀

もともとはアーロン・ソーキン原作によるブロードウェイの舞台作品で、初演は一九八九年だが、この作品が一躍有名になったのは、トム・クルーズ、ジャック・ニコルソン、デミ・ムーアら豪華キャストが出演した九二年のハリウッド映画版。いまなお映画史にその名を刻む傑作として知られている。

今回は鈴木勝秀の上演台本・演出による舞台化で、大道具も小道具もほとんどない削ぎ落とされた舞台面のなかで、たった七人の出演者で演じられる軍事法廷サスペンス劇になっていて、これが面白かった。舞台に具体的な出道具がほとんどない分、想像力をかきたてられ、休憩なし一時間五十分の上演時間中、どっぷりと堪能させられる勢いと迫力がある。展開もスピーディーで、とても勝ち目がないところまで追い詰められながらの土壇場でのどんでん返しまで、息を詰めて観続けていたような気がする。何より、主人公をはじめとした登場人物の大半が、ドラマの間になんらかの形で成長していくすがすがしさが実に滋味深く、芝居を観る、ライブの現場に立ち会うという醍醐味に浸れる作品になっているのがすばらしかった。

ほぼ出ずっぱり、しゃべりっぱなしという大役の主人公に、なんと初舞台にして挑んだという淵上泰史の、ある意味で怖いもの知らずなところが、功を奏したのかもしれないと思える好演をはじめ、端正な美貌とたたずまいで、冷静な役柄にさらに温かさもにじませた小西遼生、食えない尊大な男が、その尊大さゆえに真実を露呈してしまうさまを見事に見せた田口トモロヲら、出演者それぞれも見応え十分。そんな舞台に紅一点として登場した瀬奈じゅんが、軍人でもあり、また舞台面同様にこの役が女性であることの必要性をギリギリまで削ぎ落としている演出でもあることに応えて、一人の人間として、凜として立っている姿が心地よかった。宝塚退団後華やかなミュージカル大作への出演が多かった人だが、こういう芝居への出演はうれしく、役者としてさらに幅を広げる好機となったことを喜びたい。

OG公演評

2015.5-10

▼エリザベート

花總まり／蘭乃はな／未来優希／剣幸／香寿たつき／秋園美緒

帝国劇場／2015年6▼8月
脚本・歌詞◆ミヒャエル・クンツェ
音楽・編曲◆シルヴェスター・リーヴァイ
演出・訳詞◆小池修一郎

キャストが一気に若返り、宝塚版オリジナルキャストの花總まりのタイトルロール復帰、演出・衣装・セットの一新と、話題が話題を呼び空前のチケット難公演となった。新演出は主にセットの変更で、斜めに歪んだ高い棺が舞台に常時三台登場。その上での芝居がかなり多い。ウィーン版にも急坂があったと記憶するが、この棺も落日を迎えたハプスブルク帝国を象徴して、不安感を高める一定の効果はあったと思う。ただ、一方で舞台に奥行きが乏しくなった感があり、棺の前の舞台面がいわゆるカーテン前のように見えてしまうのは、一長一短というところ。宝塚のステージのように銀橋があれば、また印象が違ったかもしれない。

だが何よりも注目を集めたのはやはり新キャストの面々。エリザベートの花總は、この作品が日本で

『エリザベート』 写真提供：東宝演劇部

『エリザベート』　写真提供：東宝演劇部

これほど愛されることになるきっかけを作った、LEGENDの一人としての矜持を示した貫録の主演ぶりだった。完全に女優が演じるヒロインになっているので、宝塚版の夢を追うと覆されるが、それこそが花總が進化した証しといえるだろう。対する蘭乃はなは、娘役が演じるヒロインの影をいまだまとっている。そのためけなげさは出るが、もうひと息強さがほしいところか。

トートの井上芳雄は圧倒的な歌で魅了し、一方の城田優は人ならぬ者の存在感で群を抜く。歌も正統派とロック調と分かれて、トートという役柄が求める本来の色には城田の持ち味がよりニンだった。ルキーニの山崎育三郎はトートへの敬意が深く、さらにエリザベートにもわずかに哀れみを覚えている？と思わせたニュアンスが新鮮。尾上松也は自由でエキセントリックだが、決して下卑なかったのが好印象。

フランツ・ヨーゼフの佐藤隆紀は歌が抜群なだけに、芝居面の充実を求めたい。その点、田代万里生はミュージカルの豊富な経験を生かしてバランスがいい仕上がり。ルドルフは古川雄大が歌唱力を高めて充実。京本大我はスターを育てるこの役柄にふさわしく新鮮。ゾフィーは剣幸が高音も力強くまさに適任。非常にいいキャスティングだった。香寿たつきは安定の出来で、彼女ならばもっとこの役を深化できそうに感じる。マックスの大谷美智浩はもう一役のツェッペスが柄に合っている。マックスは出番こそ少ないが、エリザベートの自由への希求の象徴なだけに二役で出すのは感心しない。

ほかに、宝塚ＯＧでは未来優希がルドヴィカ＆マダム・ヴォルフの二役を自在に演じ分け、秋園美緒のリヒテンシュタインが的確で、アンサンブルからの昇格がうれしいかぎり。作品の魅力がすっかり定着した『エリザベート』が人を観る作品になっていて、その役者個々の違いをより興味深く感じた暑い夏の熱い空間だった。二〇一六年の上演がさっそく発表になったが、また新たなキャストに出会えるだろうか。期待して待ちたい。

SUPER GIFT!

剣幸／杜けあき／安寿ミラ／姿月あさと／湖月わたる ほか

東京国際フォーラムホールC／2015年9月
構成・演出◆三木章雄
音楽監督◆吉田優子(宝塚歌劇団)

梅田芸術劇場十周年を記念して、宝塚の歴代スターたちが作り上げたショーステージ。海外ミュージカルの積極的な上演、宝塚と外部作品との連携など、この十年間に梅田芸術劇場が演劇界に残した功績には大きなものがあるが、そのなかでも特に顕著なのが、宝塚の各時代を担ったトップスターたちが集っておこなわれる公演が、いずれも高い成果を挙げたことだろう。宝塚百周年に向けて登場したこれらの公演は、いまや「OG公演」という一つのジャンル

OG公演評
2015.5-10

『SUPER GIFT!』 撮影:薮下哲司

を形成していて、ただ懐かしいばかりでなく、OGたちの女優としての経験が加味され、さらにユニセックスな「もう一つの男役」「もう一つの娘役」としての魅力を放っていることは興味深い。
今回の『SUPER GIFT！』は三木章雄の作で、OG公演としては『セレブレーション100！宝塚』(二〇一四年)に続いての登板だが、OGたちによる新たなショーを構築しようとした攻めの姿勢が顕著な作品となった。集ったスターは剣幸、杜けあき、安寿ミラ、姿月あさと、湖月わたる、こだま愛、森奈みはる、星奈優里、彩乃かなみの面々だが、もちろんオリジナル・キャストである剣&こだまを擁した『ME AND MY GIRL』(一九八七年初演)などの大きなコーナーもありつつも、このメンバーで新しいものを作ろうという気概にあふれている。新曲も多く、人の出入りも複雑で、アンサンブルメンバーとともにスターがバリバリに踊るシーンも数多い。端的にいって、非常に時間をかけ、汗を流して作られたことが容易に推察できる舞台で、大きな見応えがあった。期間替わりのジャズコーナー、ラテンコーナーともに魅力にあふれ、これは両方観ないわけにはいかないゴージャスさ。座組を引っ張る剣、杜のコンビネーションと実力もすばらしく、鳳蘭に続く次世代のOG公演の核となりそうだ。多彩な日替わりゲストは観劇順に壮一帆、紫苑ゆう、水夏希、一路真輝、和央ようかで観たが、いずれもこの日、この回にしかない個性が際立つ。一路の『JFK』(雪組、一九九五年)から「アポロ・月への旅」など久々に登場の佳曲もあり、十八番ももちろんいいが、こうした掘り起こしもまたうれしいことだった。総じて未来に向けての可能性を感じさせるショーで、アンサンブルの面々もすばらしく、こうしたOG公演のさらなる発展と定着を望みたい。

OG公演評 2015.5-10

水夏希 ▶SHOW with MIZU

EXシアター六本木/2015年9月
構成・演出・振付◆玉野和紀

元雪組トップスター水夏希が、宝塚を退団した九月十二日を一つの記念日として、七月から九月の間をめどに「この一年の新たな水夏希」を観てもらおう、という趣旨で続けている退団記念コンサートが、五回目を数えた。

今年（二〇一五年）は玉野和紀を構成・演出・振付に迎え、有名ミュージカルナンバーのさまざまな役柄に扮して水が歌い踊る趣向。記憶に鮮やかな『CHICAGO』（二〇一四年）のナンバーもあれば、『ウエスト・サイド物語』（一九五七年初演）、『蜘蛛女のキス』（一九九一年初演）、『キャバレー』（一九六六年初演）など、あぁ、水夏希にピッタリ！と思える作品のナンバーから、『グリース』（一九七一年初演）など、意外性の魅力があふれるナンバー。そして『バンド・ワゴン』（監督：ヴィンセント・ミネリ、一九五三年）など、MGMミュージカル映画全盛期のナンバーまで、実に盛りだくさんなミュージカルコレクションになっていた。

『SHOW with MIZU』 ©AQUA

舞台上での鮮やかな早替わりを含めて、出ずっぱり歌いっぱなし踊りっぱなしで、一時間半を一気呵成に魅惑するのは、宝塚時代からショースターとして鳴らした水ならでは。全体がノンストップエンターテインメントになっていて、さすがに玉野の構成だなと思わせるし、大貫勇輔をはじめ、佐藤洋介、宮垣祐也のダンサー陣、そして「コーラス」というクレジットだったはずなのに、コーラスマイクの前に全くいず、カンパニーの一員としてタップまで含めて見事に歌い踊った吉田萌美、丹羽麻由美を含めた六人でのステージングは実に豊か。原田優一、岡幸二郎、伊礼彼方、そして玉野和紀と、回替わりのゲストの登場シーンも意表をついていて、たった三日間で終わらせるのはもったいないと思えるほどの充実したステージだった。スターが宝塚退団日を節目としてこうした活動を続けてくれるのはうれしいことだし、さらにしなやかさ、美しさを増していく水夏希の進化にも目を引き付けられる。来年のステージへの楽しみも膨らむ企画で、継続にはパワーがいることと思うが、ぜひ末永い開催を期待したい。

悠未ひろ

▼美女音楽劇　人魚姫

東京芸術劇場シアターウエスト／2015年9月
作◆寺山修司　演出◆藤田俊太郎
舞台美術・衣装・宣伝美術◆宇野亞喜良

寺山修司生誕八十周年を記念して、寺山修司が一九六七年に人形劇として書き下ろした戯曲を、今回は十七人の女性キャストと、人形遣いの出演、生演奏で人形と役者が共演する音楽劇としての上演となった。

新進気鋭の若手演出家として注目を集める藤田俊太郎が、戯曲のなかにある人魚姫が住む海を現代の東北の海と読み解いたところが新しく、当然そこに

『美女音楽劇　人魚姫』撮影：引地信彦

は東日本大震災を経て喪失した海の風景も投影されるが、それを声高に問うのではなく、宇野亞喜良の美しくも幻想的な美術、衣装、人形と、役者たちが織り成す舞台のなかで、むしろ東北の祝祭はいまも海のなかにあるとした目線に深さがある。寺山の戯曲の詩のような美しさも圧倒的で、人魚姫がその意味もわからないままに、初めて知った人間の言葉が、命をかけた恋の成就を妨げた王子（この戯曲の設定では船長）の婚約者の名前「マリー」だったという切なさには涙せずにはいられなかった。王子の命を奪えば我が身が助かるのを知りながら、愛した人の幸福を願い泡となって消えていくことを選ぶ人魚姫が、失った声のなかで唯一発することのできた言葉「マリー」を最後に口にする哀しさ。ハンス・クリスチャン・アンデルセンの物語を底本としながらの、この圧倒的な戯曲の力には平伏せざるをえない。

　人魚姫を演じた青野紗穂の初舞台らしい体当たりぶり、何より王子＝船長を演じた宝塚ＯＧの悠未ひろの、女性が演じるからこその繊細で優雅な男役像が、この眩惑的な物語に与えた彩りは計り知れなかった。宝塚退団後さまざまな可能性を感じさせる舞台歴を続けている悠未だが、この王子役は「宝塚歌劇」というカルチャーの外で、女性が男性役を演じる意義と効果を見事に知らしめた舞台として記憶されることと思う。今後の活躍にさらなる期待が高まった。佐藤梟、高畑こと美ら、周りを固めたメンバーも個性派ぞろいで、再演を重ねてほしい優れた舞台になっていた。

OG公演評
2015.5-10

安蘭けい

▼CHESS

東京芸術劇場プレイハウス／２０１５年９▼10月
作曲◆ベニー・アンダーソン／ビョルン・ウルヴァース
原案・作詞◆ティム・ライス　演出・訳詞◆荻田浩一
音楽監督◆島 健

スーパー・ポップグループＡＢＢＡのベニー・アンダーソンとビョルン・ウルヴァース作曲、『ジーザス・クライスト・スーパースター』（一九七一年初演）、『エビータ』（一九七八年初演）、『ライオンキング』（一九九七年初演）のティム・ライス原案・作詞のミュージカルとして、世界的な注目を集めながらさまざまな要因でメガヒットにはいたらず、むしろそれによって伝説化されていたミュージカル

『CHESS』がついに日本初演の幕を開けた。

日本では二〇一二年に荻田浩一の演出による「コンサートバージョン」が初披露され、作品がもつ、クラシック、ポップス、ロックといった幅広いジャンルと、複雑な変拍子と転調の嵐というメロディーを有したミュージカルナンバーの、いわば「癖になる」魅力が深く浸透。一三年のコンサートバージョン再演を経て、満を持しての本編上演となった。

東西冷戦の時代は遠く、だからこそむしろ世界情勢は混沌を極めてもいて、日本もその流れのなかにある意味出ていこうとしている現代。人の心や愛が国家によって「チェスの駒」のように動かされていく悲劇にゾクリとさせられるのは、生身の人間が演じるライブゆえのことで、演劇というジャンルの力を感じる。全編上演でヒロイン・フローレンスの心の移ろい、激しい振り幅がしっかりと描写されたことによる見応えがある一方で、複雑なメロディーをもつナンバーの数が増え、コンサートバージョンで明確だった「この曲を聞け!」という意志がむしろ弱まった面もあり、両者に一長一短がある。荻田浩一演出らしく、舞台上の情報量がとても多いこともあるから、再見を重ねることで発見も増えそうだ。

二〇一二年からヒロインを演じ続けている安蘭けいの、力強さとともにもろさもある個性が役どころによくハマり、パワフルな歌唱も実に見事。恋敵となるスヴェトラーナのAKANE LIVが、一幕から通しで登場することでインパクトが増し、終幕の二重唱の深みにつながった。ともに代表作の一つに数えられるべき仕上がりで、石井一孝、中川晃教、田代万里生ら実力派キャストとともに、伝説のミュージカル上演を支えた力量をたたえたい。

香寿たつき

▼CLASSICAL NEO FANTAZY SHOW

THE SHINSENGUMI 2015 Sword Dance
——剣、烈風の如く、真空に舞う

天王洲 銀河劇場/2015年9▼10月
作・演出◆荻田浩一 演出◆森 新吾 振付◆峰さを理

東山義久率いる男性エンターテインメント集団DIAMOND☆DOGS(D☆D)のメンバーを中心に、ミュージカル界の若手スター藤岡正明、海宝直人、ブレイクダンスの植木豪、そして宝塚ＯＧの香寿たつきなどが加わり、新しい切り口で上演される「新撰組」物のステージだ。

初演は二〇一三年で、荻田浩一の作。CLASSICAL NEO FANTAZY SHOW という言葉と、ローマ字表記が端的に内容を表していて、いまだ衰えぬ人気を誇る幕末を駆け抜けた剣士たち「新撰組」を、芝居ともミュージカルともくくれないエンターテインメントなショーステージとして構成している。和洋折衷の衣装にはじまり、高杉晋作が突然エレキギターを手に登場し、桂小五郎と「ビバ！尊皇攘夷」と歌い踊るほどの、いわばぶっ飛んだ世界観なので、逆に時代考証がどうのとはいわせないパワーがある。それでいながら休憩込み三時間の舞台に、新撰組の歴史がすべて収まっているのは驚くべきで、昨今の時代物にありがちな、作劇の都合で歴史の事実を歪めてしまったり、登場人物の死にざまが変わってしまったりという改変が全くなされていないのには感心した。やはりここをしっかり押さえてくれると、歴史物は腰が据わる。さらに、当時の日本と諸外国との関係や、「勤皇」「佐幕」「公武合体」など、さまざまにあった政治思想も簡潔に説明されていて、ハチャメチャにカラフルなようでいて、筋の通った見事な作品になっている。荻田の鬼才ぶり、相変わらず比類がない。

東山の土方歳三、演出も担った森新吾の坂本龍馬双方の好演をはじめ、幕末オールスターそろいぶみも面白く、D☆Dのメンバーも適材適所。にっこりと笑って「斬っちゃえばよかったのに」と言う沖田総司の解釈が新鮮で海宝の柄によく合っている。藤岡の歌唱力も存分に生かされた。そしてこの時代を象徴する存在「邪蛮」に扮した香寿が力量を発揮。男役とも女役ともつかない、人ならぬ者を豊かな声をもって自在に表現している。峰さを理振り付けによる日本舞踊も達者にこなし、異色な作品の強いアクセントになっていた。

OG公演評
2015.5-10

緒月遠麻

▼希望のホシ

北とぴあつつじホール／２０１５年10月
作・演出◆大浜直樹

『西部警察』（テレビ朝日系、一九七九—八二年）、『大都会』（日本テレビ系、一九七六―七九年）など、名作刑事ドラマを数多く生み出してきた石原プロモーションが、所属の若手俳優金児憲史、池田努、宮下裕治らを擁して、初プロデュースした舞台作品である。当然のごとく刑事物で、彼らとともに事件捜査にあたる警視庁捜査一課主任の中原悠希役で、元宙組男役スター緒月遠麻が出演。緒月にとっても本格的な女優デビュー公演となり、初づくしの作品となった。

二階建てに組まれたホテルのラウンジで、殺人を犯して逃亡中の犯人を張り込む刑事たちが、さまざまに起こる出来事に翻弄されながら、刑事として、また人間としての正義を自らに問うていく姿がコメディー要素満載で描かれていく。基本的に一杯道具のなかに人々が激しく出入りする形態で、大浜直樹の作・演出は多くの役者たちそれぞれに見せ場を設けているから、キャストへの愛情にあふれているという面では好感がもてる。特にホテルの従業員たちが目まぐるしく動いて事態を混乱させていく流れは、どうしても主役の刑事側に感情移入して観ているから、半ばまで合点がいかないのだが、あとからその理由が明かされるとほろりとさせられる人情物になっていて納得させられる。冒頭に「予告編」と称する全体を五分ほどにまとめたスピーディーなシーンをもってきたアイデアも面白かった。

とりわけ長身で美丈夫ぞろいの「石原軍団」の舞台映えは抜群で、姿勢や発声もなかなかのもの。これを機会に本格的に舞台活動に乗り出してくれることに期待したい。そのなかで、舞台育ちの長所を存

OG公演評

2015.5-10

『希望のホシ』　写真提供：石原プロモーション

分に発揮した緒月の存在感が抜群。女性要素ゼロといっても過言ではない女刑事役のなかに、男役の経験のすべてが生きているうえに、それでいながら石原軍団のなかにいればちゃんと女性という、最高の女優第一作となった。誠実で真摯な舞台ぶりも健在で、今後のさらなる活躍が楽しみだ。

関西篇

壮一帆、夢咲ねね早くも退団後初舞台！

薮下哲司

五月に退団したばかりの元星組娘役トップ、夢咲ねね、そして昨年八月末に退団した元雪組トップ、壮一帆と、百周年を彩ったスターたちが次々に再始動。

一方、浜木綿子、上月晃、鳳蘭のあとを受け継いで霧矢大夢が伝説のヒロイン、アルドンザ役に挑戦した『ラ・マンチャの男』が地元大阪からスタートした。

ポスト百周年の二〇一五年後半も新旧タカラジェンヌＯＧの活躍は百花繚乱だ。関西での彼女たちの活躍ぶりを報告しよう。

蘭寿とむ

▼『TAKE FIVE』

梅田芸術劇場／2015年5月
脚本◆丑尾健太郎　演出◆渡瀬暁彦

唐沢寿明が泥棒グループのリーダー役で主演、大ヒットしたＴＢＳ系の人気ドラマシリーズ『TAKE FIVE——俺たちは愛を盗めるか』（二〇一三年）の舞台版。柚希礼音、凰稀かなめ、龍真咲、明日海りお、紅ゆずるが特別出演して話題になったあの番組だ。

舞台版は、スーパーバイザーに吉川徹を迎えたほかは演出の渡瀬暁彦はじめドラマのスタッフで固め、映像をふんだんに駆使したドラマスタッフならではのスタイリッシュなステージング。テレビシリーズの帆村正義が活躍していた時代から約五十年後の二〇六五年という設定で、藤ヶ谷太輔扮する帆村正義の子孫・帆村守が主人公。

池永エレクトロニクスの若き専務である守（藤ヶ谷）は、ひょんなことから先祖の帆村正義が有名な大泥棒「TAKE FIVE」のリーダーであることを知り、正義に泥棒をやめさせるために過去へのタイムスリップを試みる。二〇一五年にたどり着いた守は、「TAKE FIVE」とは違う女泥棒ブルー・バタフライ（蘭寿とむ）に出会い、それがきっかけで歴史が変わってしまう。話自体は荒唐無稽だが、派手なステージングで最後まで飽きさせない。

蘭寿は、表の顔は精神科医・茅野アゲハ、実は女泥棒ブルー・バタフライという設定。精神科医では白衣姿、女泥棒では黒ずくめのパンツルック。どちらも男役仕込みのシャープな動きで宝塚時代そのままのかっこよさ。これが退団後三度目の舞台で、これまでのダンスコンサート的なステージとは違って歌もダンスもない舞台にもかかわらず、観終わったあとの印象としては、これがいちばん踊っていたような錯覚に襲われた。それほど芝居もアクションも切れが抜群だった。藤ヶ谷はじめ山本裕典といったイケメン男子と交じっても遜色なく、男前女子としての存在感をアピールしていた。蘭寿の魅力が前面に出ていて、今後もこの線を狙えば面白いと思う。

OG公演評

2015.5-10

麻実れい

海の夫人

兵庫県立芸術文化センター阪急中ホール／2015年6月
作◆ヘンリック・イプセン
翻訳◆アンネ・ランデ・ペータス／長島 確　演出◆宮田慶子

ノルウェーの作家ヘンリック・イプセンの戯曲を、演出家宮田慶子が新たに解釈した翻訳上演。ノルウェー北部のフィヨルドに面した小さな町の海沿いの一軒家。エリーダ（麻実れい）は、医師ヴァンゲル（村田雄浩）と結婚し、先妻の二人の娘ボレッテ（太田緑ロランス）とヒルデ（山崎薫）とともに穏やかに暮らしていた。そこにかつて結婚の約束を交わしていた船乗りの恋人（眞島秀和）が現れる。

イプセン六十一歳のときの作品で、日本では一九一四年、松井須磨子の主演で初演されている。宝塚少女歌劇が『ドンブラコ』を初演した年だ！　イプセンの戯曲がいかに古くから演劇人の心をつかんできたか実感させられる。その後、何度も上演されたなかで九四年にデヴィッド・ルヴォーが佐藤オリエの主演で演出したＴＰＴの公演を観ている。ベニサンスタジオの床全体に水を張り、海に見立てた斬新な装置が印象的だったが、内容を理解できたとはいえない。今回の宮田演出版で初めてその神髄にふれた気がする。

見知らぬ男の出現によって、一見平和だった家族の間に微妙な波風が立ち始め、それぞれの立場がくっきりと浮かび上がってくる。当時のノルウェーの女性にどれだけ生活の自由があったのかは詳らかではないが、そういう社会的背景を抜きにしても家庭崩壊の構図は、いまでも十分通用する力があった。常に意欲的な舞台に挑戦する麻実れい。今回も、生活の安定のために請われるまま医師の後妻に入ったものの、生まれたばかりの息子を亡くして精神状態が不安定なエリーダを、見た目の派手な演技ではなく内面からにじみ出るように静謐に演じきり、イプセンの世界を巧みに表現していた。

OG公演評

2015.5-10

▼TABU

大空祐飛

兵庫県立芸術文化センター阪急中ホール／２０１５年６月
作◆フェルディナント・フォン・シーラッハ
原作翻訳◆酒寄進一　脚本◆木内宏昌　演出◆深作健太

ドイツの作家、フェルディナント・フォン・シーラッハ原作の『禁忌』の舞台化。ナチの全国青少年最高指導者バルドゥール・フォン・シーラッハを祖父にもった作者が、人を裁くこととは、そもそも罪とは何かを問うた問題作だ。

若い女性を誘拐したとして人気写真家ゼバスティアン（真田佑馬）が緊急逮捕される。殺人容疑で起訴された彼は、自供は検察に強制されたとして敏腕弁護士ビーグラー（橋爪功）に弁護を依頼、ビーグラーはゼバスティアンの元恋人ゾフィア（大空祐飛）とともに事件の真相を解明していく。はたして彼は有罪か、無罪か。

ゼバスティアンが、文字の一つひとつに色を感じる共感覚の持ち主であることを伏線にした木内宏昌のよく練られた脚本を、深作健太がわかりやすく演

『TABU』 撮影:引地信彦

出、橋爪の熟練した演技とともに非常によくできた法廷劇に仕上がった。とはいえ内容は奥深く、観終わったあと観客に突き付ける課題は無限大だ。橋爪扮するビーグラーは大空扮するゾフィアとともに真相を探る旅に出るのだが、ここでの二人の雰囲気がなんともいえずよかった。『新版 天守物語』(二〇一四年)から始まった退団後の大空の活躍は、宝塚OGの枠を超えたユニークな作品群が続く。今回の作品は主演ではなく、一見、大空でなくてもと思わせたが、大空が演じたことによって存在感が強まり、何よりゾフィアに強い意志が感じられた。大空にとっても女優として新たなステップを踏み出す作品になったと思う。

夢咲ねね/安蘭けい

▼サンセット大通り

シアターBRAVA!/2015年7▼8月
作曲◆アンドリュー・ロイド = ウェバー
作詞・脚本◆ドン・ブラック/クリストファー・ハンプトン
演出◆鈴木裕美

五月に退団したばかりの元星組トップ娘役夢咲ね

ねの退団後初舞台となったミュージカル。一九五〇年ごろのハリウッド。サイレント映画の大スター・ノーマが、文無しの新進脚本家ジョーを利用して銀幕にカムバックを図ろうとするが、すでに忘れられた存在のノーマに誰も見向きもしない。ビリー・ワイルダー監督の名作をアンドリュー・ロイド＝ウェバーが忠実に舞台化した。九三年のロンドン初演はパティ・ルポン、翌九四年のブロードウェイ初演はグレン・クローズが主演していずれも大評判となったが、ノーマの豪邸の装置に巨費がかかり、長らく日本での上演は見送られてきた。簡易セットでの上演が可能になった二〇一二年、宝塚を退団したばかりの安蘭けい主演で日本初演が実現、以来三年ぶりの再演。今回はノーマ役が安蘭と濱田めぐみのダブルキャスト。ジョー役が安蘭のときは平方元基、濱田のときは柿澤勇人、そしてジョーの仕事仲間ベティ役に夢咲ねねが起用された。初演では彩吹真央が演じた役だ。

まず、作品の出来だが、初演に比べて演出や振付けが大幅に改善されたうえ、安蘭、濱田が、全く異なるアプローチで役に挑み、双方とも見応えがあった。特に安蘭のノーマが絶品だった。初演のときは若さが勝って、役を完全に自分のものにしきれていないような感じがなくもなかったが、今回は二度目の余裕もあるのか、見事なノーマだった。ジョーを手玉に取る前半がときにはコケティッシュでかわいく、ときにはユーモアを交え、それがかつての大女優という存在感を見事に表現していた。クライマックスの大階段の見せ場も鬼気迫る熱演、見ているこちらの背筋がぞくぞくするほどの迫力だった。ロイド＝ウェバーの曲がかなり高低差のある難曲で、実力派の安蘭にしてもやや不安定なところがあったが、演技力と表現力でカバーしていた。

濱田のノーマは、歌の実力はさすがピカイチ。一音の狂いもない見事な歌唱で圧倒した。演技的にも隙のない出来。ただ、安蘭のノーマを見たあとで観ると、歌も台詞も同じなのに演技の微妙な間が、作品自体の仕上がりに大きく作用することも再確認させられた。かつての大スターというカリスマ性は出ていたと思う。

ジョー役の平方元基と柿澤勇人。どちらも好演だった。平方の柄の大きいヤンキーっぽい感じが役にぴったりで、映画のウィリアム・ホールデンをほうふつさせた。ノーマとベティの間で揺れる心情を非常にわかりやすく演じ、この三角関係なら宝塚でもできるのではないかと思わせるぐらいの主人公としての存在感があった。歌と演技の細かさでは柿澤に分があった。

そしてベティの夢咲。彼女はワンキャストなので両バージョンともに出演した。フィアンセの親友であるジョーに引かれていくベティを、地に足の着いた演技で表現、何より宝塚の娘役で培った品を崩さずに演じたのが新鮮だった。夢咲の好演で、ノーマとの対比がしっかりと浮かび上がった。そして安蘭、平方、夢咲の三人の関係性のバランスも非常によかった。執事役の鈴木綜馬、監督役の浜畑賢吉と主要な脇役を劇団四季出身者で固めたこの舞台、濱田、柿澤バージョンはまるで四季の舞台を観ているような錯覚に陥った。そこに一人夢咲が入っているのはさすがに違和感がある。それに比べると、安蘭と同じ舞台にいる夢咲はなんとなくしっくりしていた。

なお夢咲は、その後芸名を本名の赤根那奈として、今後の芸能活動を続けることを発表した。

OG公演評

2015.5-10

野々すみ花

ライムライト

シアター・ドラマシティ／2015年7月
原作◆チャールズ・チャップリン
上演台本◆大野裕之　演出◆荻田浩一

喜劇の王様チャールズ・チャップリンの同名映画世界初の舞台化。チャップリン研究家として知られる大野裕之が自ら脚本を書き、作詞、訳詞も担当した。これが、映画の世界をよく伝え、ミュージカルとしても非常にいい出来栄えで、心に強く響いた。

一九一四年のロンドン。かつては人気者だったがいまや落ちぶれ、酒浸りの日々を過ごしていた老道化師カルヴェロ（石丸幹二）は、ガス自殺を図ったバレリーナ・テリー（野々すみ花）を助ける。自分にバレエを習わせるため姉が娼婦をしていたことを知ったテリーはショックのため足が動かなくなっていたのだ。カルヴェロはテリーを懸命に励まし、見事、舞台復帰を成功させる。そして、テリーはかねて思いを寄せていたピアニストのネヴィル（良知真次）とも再会する。それでもテリーは支えてくれたカル

『ライムライト』　写真提供：東宝演劇部

ヴェロに求婚するが、カルヴェロはテリーの思いを察して彼女の前から去っていく。

古典中の古典、何度も観て知っている話なのに、石丸のビロードのような滑らかな歌声と野々の繊細な演技で、初めて観たときのような切ない思いが込み上げた。二人を取り巻く脇のメンバー、例えば、フラットの大家オルソップ夫人の保坂知寿や演出家ボダリングの植本潤らの出すぎず、しかし、分をわきまえたうまさで、二人を盛り上げた。このバランス感覚が見事だった。多作ながら平均点を堅持している荻田演出のなかでも、非常に高いレベルだった。石丸がこの役には若すぎるのではないか、という危惧があったが、演じる人に真心があれば、あまり関係がなかった。野々にもそれがいえ、彼女の退団後の代表作の一つになるだろう。つつけば涙があふれ出そうなこまやかさは野々ならでは。入魂の演技だった。思わず彼女で『奇跡の人』（一九五九年初演）のサリバン先生を見てみたいと夢想した。

▼貴婦人の訪問

涼風真世／春野寿美礼

シアターBRAVA!／2015年8月
脚本◆クリスティアン・シュトルベック　演出◆山田和也

涼風真世、山口祐一郎、春野寿美礼はじめ日本のミュージカル界を代表するそうそうたるメンバーが顔をそろえた新作ミュージカル。

かつて私刑（リンチ）同然の裁判によって町を追われた女性クレア（涼風）が、二十年後、億万長者となって故郷に凱旋、町の有力者たちはクレアから援助を受けようと手のひらを返したように大歓迎するが、クレアは、彼女を捨てた男アルフレッド（山口）の命と引き換えという条件で援助を承諾する。

フリードリッヒ・デュレンマット原作による風刺戯曲。一九六四年にイングリット・バーグマン、アンソニー・クインの主演で映画化（監督：ベルンハルト・ヴィッキ）され『訪れ』のタイトルで日本でも公開されている。それにしても、こんな暗い話がミュージカルになるとは、時代も変わったものだ。

舞台は、クレアが帰ってくるというので、町中が大騒ぎになっているところから始まり、自家用機の爆音とともに、颯爽とクレアが帰還する場面となる。涼風が黒ずくめの豪華な衣装で貫録たっぷりに登場する場面が最初の見どころ。市長のマティアス（今井清隆）、校長のクラウス（石川禅）、警察署長のゲルハルト（今拓哉）、牧師のヨハネス（中山昇）たちはクレアに財政援助を依頼する大役をアルフレッド（山口）に白羽の矢を立て、アルフレッドもそれを快諾する。そして、それは大きな代償を伴うことになる。なんだか、経済至上主義の現在社会の行く末をあぶり出したような内容。それを五十年以上も前に予見した戯曲であったことを再確認。とはいえ、なんともうすら寒い。

復讐に燃えた涼風のクールな感覚が、圧倒的な存在感で観客を魅了した。周囲を威圧するような貫録たっぷりの演技に加えて歌唱がすばらしく、低音から高音までよく伸びていた。涼風の当たり役になりそうな予感がした。全体的にも、このミュージカル、涼風一人で魅せたようなものだった。アルフレッドの妻マチルデを演じた春野は、歌のソロはさすがだが、演技的にはやや控えめ、もっと前に出てもよかったと思った。

OG公演評
2015.5-10

真飛聖

もとの黙阿弥

大阪松竹座／2015年8月
作◆井上ひさし　演出◆栗山民也

一九八三年に東京新橋演舞場で初演された井上ひさし原作戯曲の二度目の再演。初演で片岡仁左衛門（当時孝夫）が演じた河辺隆次を片岡愛之助が演じ、

『もとの黙阿弥』 ©松竹株式会社

OG公演評

2015.5-10

水谷八重子（当時良重）が演じた船山お繁を元花組トップの真飛聖が演じた。ほかにも波乃久里子、大沢健、早乙女太一、床嶋佳子、貫地谷しほり、渡辺哲といった豪華メンバーの出演。

鹿鳴館華やかなりし明治二十年ごろの東京・浅草の芝居小屋・大和座を舞台に、男爵家の跡取り息子と豪商の一人娘の縁談にまつわる主従の「とりかえばや物語」の騒動劇をメインに、草創期の新劇運動の胎動も交えて描いた井上ひさしならではの硬派の喜劇。井上流の長台詞のなかに楽隊の演奏、歌をふんだんに織り込んで音楽劇仕立てで展開する。

真飛が演じたお繁は、貫地谷扮する長崎屋お琴の女中。お琴が男爵家の跡取り、隆次と鹿鳴館の舞踏会でお見合いすることになり、相手を吟味するためにお繁がお琴になりすまし、西洋舞踏の稽古に行く。ところが、相手も書生の久松（早乙女）を身代わりに稽古をさせたことから話がこんがらがって。星組公演『めぐり会いは再び』（二〇一一年）と同じ趣向だ。真飛は、最初は人懐っこい女中をコミカルに演じ、お琴に変身してからの当初はぎこちなさで笑わせるが、徐々にそれらしく変身していくさまがなかなかのもの。入れ替わったままで音楽劇を披露することになり、そこで早乙女と歌って踊る場面がハイライトだ。

　宝塚時代から演技派だったが、退団後もその実力をいかんなく発揮、舞台では『マイ・フェア・レディ』（二〇一三年）のイライザ役や『オン・ザ・タウン』（二〇一四年）で活躍、映画『柘榴坂の仇討』（二〇一四年）でも好演、おおさかシネマフェスティバル新人女優賞を受賞している。今回もそうそうたる共演者を向こうに回して、おいしい役どころを存在感たっぷりに華やかに演じた。

壮一帆

▼Feel SO good

サンケイホールブリーゼ／2015年8月
構成・演出◆荻田浩一　音楽◆立川智也
振付◆大澄賢也／ANJU

　昨年（二〇一四年）八月末に退団、しばらく休養をとり今後を見据えながら徐々に活動を再開してきた元雪組トップの壮一帆が、所属事務所をキューブに決め、本格的な再始動となったコンサート。

　元宝塚の演出家、荻田浩一が構成したコンサートは、男役トップスターの退団後初ステージのイメージを打ち破るバラエティーに富んだ内容。幕開けはグレーを基調にしたシックなドレスで「if we hold on together」など二曲を男役時代同様かっこよく歌い、歌い終えたあとは客席降りでまずはご挨拶。と、ここまでは普通のコンサート。ここで、壮の父親という設定の村井國夫がジーンズの野良着

『Feel SO good』　©キューブ

姿で登場。ここからは父親が娘にあてて書く手紙で、娘の過去・現在・未来像を語っていくなかで、壮がそれぞれの時代の娘に扮して歌い踊るという趣向。おさげに麦わら帽子、ジーンズ姿の少女時代から始まって、引き抜きで水兵姿になり、まずは『南太平洋』（一九四九年初演）から「魅惑の宵」そして「エニシングゴーズ」とミュージカルメドレー。ミュージカルに憧れていた少女時代というわけ。全体が巧妙に壮の自伝になっていて、加えて今後への応援歌にもなっている。

宝塚時代の曲は『若き日の唄は忘れじ』（雪組、二〇一三年）から「恋の笹舟」だけだったが、それがまた効果的。続く水原弘のヒット曲「黒い花びら」も似合っていた。ゲストコーナーは、壮がバーのマダムに扮し、粋に和服を着こなしてお相手を務め、大阪弁を交えた応対で満員の客席を大いに笑わせた。私が観た日は葛山信吾だったが、絶妙の掛け合いで、このへんの肩の力の抜けた感じもいかにも壮らしくて楽しい。

そして最後はディナーショーでも歌ったテーマ曲「so in love」（ANJU振付）で締めくくった。背中の大きく開いた黒いドレスが印象的だったが、男役から女にごく自然に戻っている感覚。カーテンコールにはジーンズとシャツというラフなスタイルで登場、どこまでも自然体の振る舞いが、壮の魅力をさらに輝かせていた。

霧矢大夢

▼ラ・マンチャの男

シアターBRAVA!／2015年9月
脚本◆デール・ワッサーマン　作詞◆ジョオ・ダリオン
音楽◆ミッチ・リー　訳◆森 岩雄／高田蓉子
訳詞◆福井 峻　日本初演の振付・演出◆エディ・ロール
演出◆松本幸四郎

元月組トップスターの霧矢大夢が、松本幸四郎の相手役アルドンザ役に挑戦した話題のミュージカル。

セルバンテス役は、一九六八年の初演以来ずっと松本幸四郎の持ち役となっており、周囲だけが入れ替わってきた。アルドンザも六八年の初演時は浜木綿子、その後、上月晃、鳳蘭とそうそうたるタカラジェンヌOGが演じてきた大役。鳳と霧矢の間は幸四郎の愛娘・松たか子が演じ、好評だった。霧矢のアルドンザは、粗野なあばずれ娘という芯の太さが

『ラ・マンチャの男』

ありながらとにかくチャーミング。ピュアな心を取り戻していくあたりが自然で、ラストの感動を盛り上げた。荒くれ男たちを相手にする場面はもっと色気と迫力があってもいいとは思ったが、それでも新たなアルドンザ像を生み出したといっていい。

初演から何度となく観劇し、そのつど、新たな発見がある希有な作品だが、幸四郎のセルバンテスはさらに渋みが加わり、名人芸の極み。どの場面も滋味豊かで円熟味を増しているが、今回は、アルドンザに促されて夢を思い出し、キハーノが絶命する劇中劇のラストシーンが特にすばらしかった。牢名主と宿屋の主人を演じた上條恒彦の手練れの演技も、舞台に安定感を加えた。カラスコ博士の宮川浩とアントニア役のラフルアー宮澤エマが初出演、それぞれ好演で舞台に新風を吹き込んでいた。

彩吹真央
▼エンド・オブ・ザ・レインボウ

サンケイホールブリーゼ／2015年9月
作◆ピーター・キルター　演出◆上田一豪

『オズの魔法使』（監督：ヴィクター・フレミング、一九三九年）のドロシー役で、一躍アメリカの国民的人気歌手になったジュディ・ガーランドの晩年を描いたロンドン発ミュージカルの日本初演。彩吹真央がジュディに扮し「虹の彼方に」や「ゲットハッピー」などのジュディのヒット曲を次々に歌う。

ジュディが『オズの魔法使』に出演したのは一九

『エンド・オブ・ザ・レインボウ』(シーエイティプロデュース公演)カメラ:引地信彦

三九年、十六歳のとき。抜群のスイング感でスターダムの頂点に上り詰めるが、過密スケジュールの疲れをとるために薬物に依存したことから精神を病み、壮絶な後半生を送った。一人娘ライザ・ミネリとの確執も有名。亡くなったのは四十七歳だったが、十歳以上老けて見えた。とはいえ、その歌唱力は晩年も健在だった。二十世紀最高のエンターテイナーの一人だろう。

舞台はジュディが亡くなる半年前、一九六八年のクリスマス。ロンドンでのコンサートのためにホテルにチェックインするところから始まる。容姿もそうだが、まず第一声からジュディのハスキーでパワフルな声と、彩吹の美しいが線の細い声質とは全く相容れず、これは違うなあと思ったのだが、舞台が進むにつれて、逆にそれが、物まねショーではないジュディという女性の悲しい部分を表現するにはいい作用をしているのではないかと思えるようになってきた。それは彩吹がジュディを彩吹自身として内面から演じたからだと思う。一方、エンディングの黒のソフト帽とジャケットで歌う「ゲットハッピー」は、ジュディではない彩吹ならではの洗練された雰囲気があった。今後も再演を重ね、年輪を加えていけば彩吹の財産になるだろう。

OG
公演評
2015.5-10

写真：小林章夫

湖月わたる

大いなる夢の実現

宝塚の男役になるために生まれてきたような華やかな容姿と長身を生かしたダイナミックなダンスで、一時代を築いた元星組トップスター、湖月わたる。

星組→宙組→新専科を経て星組トップとなったが、新専科時代の組回りも含めて五組すべてを経験、そのおおらかで人懐っこく明るい性格は、どの組でも上級生から下級生まですべての組子に慕われた。

二〇〇六年『愛するには短すぎる』で退団、その退団会見では「大学に進学したい」と語って大きな話題となった。以来九年目。女優、ダンサーとして独自の活躍をしながら公約どおり大学も卒業。

昨年(二〇一四年)は、宝塚百周年をOGの立場から支えた。今年は、在団時代の代表作『王家に捧ぐ歌』が再演(宙組)され、湖月の宝塚時代の存在の大きさを改めて再認識させた。

そんな湖月に願ってもない大きなプレゼントが舞い込んできた。

ミュージカル『CHICAGO』アメリカ・カンパニー来日公演へのヴェルマ役での出演だ。

ブロードウェイの出演者たちに交じって全編英語の舞台。

湖月にとって大きなチャンスになることは間違いのないこの公演を控え、意気込みや女優としての今後の方向性などを語ってもらった。

(聞き手・薮下哲司)

夢の実現

――ヴェルマ役で出演が決まった『CHICAGO』アメリカ・カンパニー来日公演が間近に迫ってきましたね。

そうなんです。近づくにつれて緊張感が高まってくるというか、夜も眠れないほど興奮したりするときがあったりして。楽しみでもあり不安でもあり、わくわくドキドキ状態の毎日ですね。

――そもそもどういうきっかけでこのお話が決まったのでしょうか？

三年前、宝塚OGばかりの公演『DANCIN' CRAZY2』で『CHICAGO』のセレクションバージョン（抜粋版）をすることになり、私がヴェルマ役を演じたことがきっかけですね。そのとき、稽古をしながらヴェルマ役を全編英語で演じられたらきっとすてきだなあと思って、オリジナルキャストのCDを聴いたりしながら、ヴェルマ役が歌う「オール・ザット・ジャズ」を見よう見まねで稽古で歌ったりしていたんです。

――『CHICAGO』の魅力にとりつかれたんですね。

もともと『CHICAGO』というミュージカルが大好きで、在団中からニューヨークに行ったときは必ず観劇していたぐらいだったんです。ボブ・フォッシーの振り付けを踏襲したフォッシー・スタイルといわれるダンスと音楽の間合いがすばらしくて、何度観ても飽きないんです。そのときは自分ができるとは全く思っていなかったんですが。心の中ではいつかはやりたいとは思っていたかもしれません。

――実際に演じてみてどうでしたか？

オリジナル・ニューヨーク・プロダクション振り付けスーパーバイザーからフォッシー・スタイルのダンスを直に教えてもらったんですが、それが想像以上にすごく楽しくて。宝塚退団後に初めて出演した『くたばれ！ヤンキース』（二〇〇七年）の振り付けもオリジナルがボブ・フォッシーで、その振り付けがすばらしくて、もっと踊りたいなと思っていたんですが『CHICAGO』ですっかり虜になりました。その後、宝塚OGだけで『CHICAGO』をフルバージョンで公演することが決まり、稽古をするうちに、これを英語でやれたらすばらしいだろうなと思う気持ちがさらに強まって、そのことをアメリカのスタッフのみなさんに話したら〝いいことだよ、絶対プラスになるから〟とおっしゃっていただいて、英語の台本とか資料を送ってくださったんです。ちょうどそんなとき、昨年十二月

Wataru Kozuki

写真：小林章夫

の『CHICAGO』公演の千秋楽のパーティーのときですが、来年『CHICAGO』アメリカ・カンパニーの来日公演があるってお聞きして、これはもう絶対、私も参加したい！とそのときに強く思ったんです。

――でも出たいと思ってもなかなかそううまくはいきませんよね（笑）。

歌とダンスはできているから、あとは英語の発音だけだとおっしゃっていただいたんですが、でも、それが難しくて（笑）。それから専門家の先生に英語の特訓をしてもらって台詞を覚え、英語の台詞でヴェルマを演じたDVDをニューヨークのスタッフに送って、見ていただいたんです。そうしたらOKの返事をいただけたんです。もう夢を見ているようでした。もちろん、それだけではなくて周囲の方の大きなご尽力があって実現しました。本当に感謝、感謝です。

アメリカ・カンパニーの『CHICAGO』

――苦労のかいがありましたね。英語は上達しましたか？

『CHICAGO』なら任せてください（笑）。出たいと思って集中したら、覚えられたんです。日常会話ができるかどうかはわかりませんが（笑）。

――稽古は来日メンバーと一緒にニューヨークでやるんですか？

稽古はカンパニーが来日してから、東京でやる予定で、まだ相手役でロキシー役を演じられるシャ

写真：小林章夫

ーロットさん（NHK連続テレビ小説『マッサン』〔二〇一四―一五年〕のヒロイン、シャーロット・ケイト・フォックス）ともまだお会いしてないんです。いまはスタジオをお借りして、もっぱら一人で一日三時間、みっちり集中的に稽古をしています。ニューヨークには出演が決まってから、いてもたってもいられなくなって四月のゴールデンウィークに、三泊五日の強行日程で行ってきました。普段は、明るく活発な私ですが、海外では見違えるようにしおらしくなって沈黙状態になるんですが（笑）、今回ばかりは、空港でもホテルでもレストランでも、できるだけ積極的に会話をするように心掛けました（笑）。それで毎日、ホテルと劇場を往復して『CHICAGO』だけ観て帰ってきました。

Wataru Kozuki

――出演すると決まってから観るのは、そうでないときに観るのとでは印象はずいぶん違ったでしょうね。

全然違いました。お客様の反応も、日本とは違っていて、思いがけないところで笑いが起きるので、通訳の方に、なぜそこで笑いが起きるのか詳しく聞いたりしてとてもいい勉強になりました。いちばん感動したのは、私たちが昨年やったOGバージョンの『CHICAGO』が、本場ブロードウェイそのままの演出だったことが再確認できたことでした。女性だけのバージョンだから少しは私たち用に振り付けを変えてくださっているのかなと思っていたんですが、立ち位置から何から何まで同じでした。全く同じものをやっていたんだと思ったらまた感動して（笑）。でも、あんまり毎日行くもんだから、劇場の方にも覚えてもらって、スタッフや出演者の方に〝日本のヴェルマね、頑張ってね〟と声をかけて励ましていただいたり、すごく温かく迎えてくださってうれしかったですね。

『CHICAGO』の魅力

――『CHICAGO』の魅力って何でしょう。

ニューヨークに行くたびに観てましたから、もう何回観たかわからないぐらい。でもいつもあっという間に終わるんです。細かいニュアンスがわからなくても、あの独特のフォッシー・スタイルと呼ばれるダンスがとにかくすばらしいです。

――湖月さんが演じられるヴェルマ役については。

始まって早々にいきなり「オール・ザット・ジャズ」というすてきな歌を歌って登場する最高にかっこいい役で、一九二〇年代のあのもくもく（たばこの煙）とした時代に生きた、憎めない大型犬のような女性といったらいいでしょうか。人を押しのけて、ずっと真ん中を歩いてきたのに、突然現れた小型犬みたいなロキシーに立場をすいすいと追い越されて（笑）。でも、根っからエンターテインメントが大好きで、自分がやりたいことができるなら、一緒にやってとロキシーに頭を下げることができるんですね。刑務所のなかの話で賄賂や殺人や一見すごいんですけど、根は純粋なところにすごく共感できます。

――そうですね。ヴェルマもロキシーも犯罪者だけど、エンターテインメントが好きという共通点がある。うわべは、清く正しく美しくとは正反対の舞台ですけど、そういうところで宝塚ともつながってたんですね。

宝塚とは真逆の世界で、やりたいとは思っていましたが宝塚のＯＧだけで『ＣＨＩＣＡＧＯ』をやると聞いたとき最初はびっくりしたぐらいです。でも肩パットも入れずＴシャツでぴったりしたパンツをはいた男役のダンサーたちが、まるで外国人の青年に見えるほどかっこいいんです。娘役も下着姿みたいなすごい格好をしているのに品がありますしね。まさかＯＧだけで『ＣＨＩＣＡＧＯ』ができるなんて夢にも思いませんでしたが、公演の初日にお客様にもすごく喜んでいただくことができました。『ＣＨＩＣＡＧＯ』のＯＧバージョンを企画したプロデューサーは本当にすごい人だと思います。

——宝塚の男役のダンスは、女性が踊っていることを感じさせないためにある程度の制限があるって聞きましたが、『CHICAGO』のOGバージョンはもともと男性のために振り付けたものを女性が踊ったわけですよね。

フォッシー・スタイルには肩だけで踊るとかヒップを強調して、腕をホールドするとか制約があるんですが、それがかえって男役ダンサーにぴったり合ったのではないでしょうか。男女の性別を超えた振り付けで、男女関係なくみんながセクシーに見えるんです。昨年の公演はトリプルキャストだったので私も客席から何度か拝見しましたが、すばらしかったですね。

——でも、今度はさらに一歩前進して、アメリカ・カンパニーによる全編英語バージョンへの挑戦です。

私が出演するマチネ公演には、フォッシー・スタイルの日本での第一人者である大澄賢也さんがロキシーの夫フレッド役で出演してくださいますので、それだけが安心材料ですが、気合を入れて頑張りますのでよろしくお願いいたします（笑）。

宝塚OGとして

——さて、昨年は宝塚百周年、さまざまな催しがありました。そして、今年は剣幸さんや杜けあきさん、安寿ミラさんたちとのOG公演『SUPER GIFT！』に最下級生トップとして出演されましたね。いかがでしたか？

レギュラーのトップスターのなかでは私がいちばん下級生で、姿月（あさと）さんと私たち新人公演メンバーねって笑っていたんですが、剣さんや杜さん、安寿さん

Wataru Kozuki

といったすばらしい上級生の方々とご一緒できて、多くのことを学べましたし、本当にいい機会を与えていただきました。

——剣さんのビル、こだま愛さんのサリーという『ME AND MY GIRL』初演（月組、一九八七年）の再現シーンは豪華メンバーでしたね。

剣さん、こだま愛さんたちの初演は予科生のときに旧大劇場の一階の柱の後ろの席から拝見して、大感激した覚えがあります。本当に懐かしかったですね。ご一緒の舞台に立たせていただけるなんて本当に幸せでした。今回、姿月さんがジェラルド役で出ておられて、おじょうずだなあと思ったら、本公演で本役だったって聞いて納得。でもそういう意味でも宝塚ってすごいなあと改めて思いましたね。

——OG公演ならではの見どころがいっぱいでしたね。

写真：小林章夫

姿月さんと私が女役の安寿さんをめぐって張り合うというダンスシーンがあって、こんなこともう二度とないと思うと、踊っていてもすごくわくわくしました。

――ご自身は『コパカバーナ』（星組、二〇〇六年）からの「DANCING FOOL」や『キス・ミー・ケイト』（一九四八年初演）からの「トゥーダン・ホット」、それから『スイート・チャリティー』（一九六六年初演）からの「ビッグ・スペンダー」とダンスナンバーそれも英語で歌うシーンが多かったですが、それは『CHICAGO』公演に向けてのことでしょうか。

それはあまり意識しませんでした。『CHICAGO』の曲は姿月さんが歌われましたね。安寿さんも「アンフォゲッタブル」を英語で歌っておられましたし。ジャズの場面ではみなさん英語の歌が多かったですよ。でも「ビッグ・スペンダー」はボブ・フォッシーの振り付けで、衣装も『CHICAGO』みたいなすごい衣装だったので、一足お先に『CHICAGO』の世界をちょっぴりお見せできたかもしれません。

――今年、宝塚では湖月さんが在団時代に出演された『王家に捧ぐ歌』が宙組で再演されて好評でした、ごらんになりましたか？

公演前に前夜祭があって、まずそれに呼んでいただきました。アイーダ役の安蘭（けい）やアムネリス役の檀（れい）ちゃんたち初演メンバーが久々に集まって思い出話に花を咲かせてすごく懐かし

写真：小林章夫

かったですね。公演ももちろん初日にかけつけました。序曲が始まったとたん、すーっと作品の世界に入り込みました。十二年もたっているのに隅々まで覚えていて、ラダメス役の朝夏（まなと）さんが踊る場面ではここの衣装重たいだろうなとか、最初は細かいところに目がいっていたのですが、後半になってくるとすっかり作品の世界に引き込まれていって、ラダメスが石牢に閉じ込められるラストシーンでは自然に涙がこぼれて泣いていましたね。作品のすばらしさに改めて感動しました。兵士一人ひとりまで通し役で当時の星組全員が一つになって熱い思いで作り上げた作品で、私自身にとってもトップお披露目公演で、しかも芸術祭賞までいただいた思い出深い作品でもありましたが、単に星組の作品から宝塚全体の財産として受け継がれたということに初演に携わった一人としてちょっぴり誇りを感じました。うれしかったですね。

宝塚時代という青春

——宝塚時代は、韓国公演にも参加されたり、宝塚の顔として多忙な毎日でしたが、いま改めて宝塚時代を振り返ってみていかがですか？

まさに青春でした。毎公演、お芝居とショーの膨大な台詞と歌詞と振り付けを覚えなければいけないうえに、午前中は取材が入ったり、原稿を書いたりしていました。『ベルサイユのばら——オスカル編』（雪組、二〇〇六年）のときは、毎日役替わり公演があって、さらに大変でした。でも、集中すれば台詞は一日で覚えられました。宿題は翌日に回さず、その日のうちに片付けるというのがモットーでした。やらないといけないことを紙に書いて、できたものから一つずつ消していくという生活でした。でも、あの経験があったからこそ、いまでも何がきてもできるという自信につながっています。

——退団会見で「大学に進学する」と言われたときはびっくりしましたが、それも達成できたんですね。

退団してすぐに舞台の仕事が決まりましたが、無事大検（大学入学資格検定）を取得、仕事と学業を両立しながら放送大学を卒業しました。いまは大学のCMでもお世話になっています。

——『CHICAGO』の英語の台詞を簡単に覚えられたのも宝塚での厳しい稽古のおかげでしょうか。

そうかもしれません（笑）。『CHICAGO』だと思えば、覚えられたんですよね。

——退団後、東京音楽大学に進学

された三矢直生さん（元花組）も受験勉強するとき、受験生を演じると思い参考書を台本だと思って勉強したら簡単に覚えられたとおっしゃってました。

それはいいことをうかがいました。私も英語が堪能な女性を演じていると思って本番に臨みたいと思います（笑）。

今後の「夢」

――『CHICAGO』の湖月さんはもちろん楽しみですが、大きな目標を達成された『CHICAGO』以後の湖月さんはどうなっているのでしょうか。今回は日本での公演だけの出演ですが、ブロードウェイ公演への出演の夢とか、今後の方向性をお聞かせください。

私自身、いつも目の前にあるものを一つひとつこなしていくことに全精力を傾けているので、先のことはあまり考えたことがありません。宝塚時代から、努力して一生懸命やっていれば、必ず誰かが見ていてくれる、必ず夢は叶うと信じてきました。私に与えてくださったものに真摯に取り組んでいくなかで、新しい湖月わたるが見えてくればと思っています。ミュージカル、ダンスコンサート、OG公演といったものに加えて、今年は『台所太平記』（明治座）でストレートプレイに初挑戦。普通の女の子の役もさせていただきました。『CHICAGO』アメリカ・カンパニーへの出演がかなった来年はどんな世界が広がるのか、私自身がいちばん楽しみです。これからも応援よろしくお願いいたします。

インタビューを終えて

梅田芸術劇場十周年を記念したOG公演『SUPER GIFT!』の千秋楽（十月八日）終演後という、疲れがピークに達し、しかも最も慌ただしいときのインタビューだったにもかかわらず、終始、明るい笑顔で応じてくれた湖月の温かい人柄に改めて感服。それに加えて、宝塚を退団して九年目というのに、当時と全く変わっていない見事な容姿にも驚かされた。いつでもそのまま現役男役として復帰できるのではないかと思うほどのシェイプアップぶりだ。宝塚時代からのファンを大事にし、何でも真摯に取り組む姿がときには不器用にさえ見えることがあったが、そのまじめさゆえに新たな信奉者も着実に増えつつある。そして、それが『CHICAGO』アメリカ・カンパニー来日公演への出演というビッグチャンスをつかめた大きな要因の一つになっているにちがいない。在団中から梅田芸術劇場

Wataru Kozuki

やドラマシティなどで上演される宝塚以外の芝居やミュージカルの客席でよく見かけた。映画『タイタニック』(監督:ジェームズ・キャメロン、一九九七年)には宝塚から梅田のロードショー劇場に何回も通い詰めたという伝説もある。生来のエンターテインメント好きの血が騒いだのだろうか。『CHICAGO』で彼女が演じるヴェルマにも通じるところがあり、湖月にヴェルマはぴったりだと改めて思った。湖月ならきっと大成功を収め、いつかきっとブロードウェイの舞台でヴェルマを演じるのも夢ではないと思う。大いなる期待とエールを込めて、湖月の今後を見守りたい。

Profile

湖月わたる

Wataru Kozuki

1989年、星組公演『春の踊り』『ディガ・ディガ・ドゥ』で初舞台を踏んだ75期生。翌年星組に配属。宝塚の男役のために生まれてきた175センチという長身とそれを生かしたダイナミックなダンスで早くから注目され、92年にはニューヨーク、ジョイス・シアターでの公演メンバーに抜擢。94年には『若き日の唄は忘れじ』新人公演で初主演して好演。同年にはロンドン公演メンバーにも選ばれた。97年には日本青年館公演『夜明けの天使たち』で初主演。翌年、香港公演メンバーに選ばれ、そのまま宙組立ち上げメンバーとして姿月あさと、和央ようかに続く3番手として異動になる。2000年新専科に異動、各組に特別出演、5組制覇を達成。02年、初の外部公演『フォーチュン・クッキー』に出演。03年、全国ツアーに続き『王家に捧ぐ歌』で星組トップスターに。05年には韓国公演に宝塚の代表として参加。06年『愛するには短すぎる』で退団した。退団後は07年『くたばれ!ヤンキース』から女優として再出発。『カラミティ・ジェーン』(2008年)、『絹の靴下』(2010年)などのミュージカルやダンスコンサートなどで活躍の場を広げている。15年12月には『CHICAGO』アメリカ・カンパニー来日公演(全編英語上演)に出演が決まっている。

Schedule 活動予定

ブロードウェイミュージカル

『CHICAGO』
アメリカ・カンパニー来日公演

作詞▶フレッド・エッブ　作曲▶ジョン・カンダー
脚本▶フレッド・エッブ&ボブ・フォッシー
初演版演出・振付▶ボブ・フォッシー
オリジナルNYプロダクション演出▶ウォルター・ボビー
オリジナルNYプロダクション振付▶アン・ラインキング
出演▶シャーロット・ケイト・フォックス(ロキシー)、アムラ=フェイ・ライト(ヴェルマ)、ほかアメリカ・カンパニー
12月4―23日、東京・東急シアターオーブ
12月26、27日、大阪・梅田芸術劇場メインホール

●湖月わたる、大澄賢也出演〈シカゴSPマチネ〉
東京・東急シアターオーブ
▶12月17日(木)14時、18日(金)14時、19日(土)13時、20日(日)13時、22日(火)14時、23日(水)13時
大阪・梅田芸術劇場メインホール
▶12月26日(土)14時、27日(日)12時30分

◆定期購読のご案内

お近くの書店か当社にお申し込みください。

当社にお申し込みいただく場合は、送料無料で発売日にお届けします。

代金は後払い、書籍とは別にお送りする郵便振替用紙を使ってお支払いください。

申し込み先

青弓社

電話／03-3265-8548

FAX／0120-55-3746

著者略歴

永岡俊哉
ながおか・としや

一九六五年生まれ。羽衣国際大学放送・メディア映像学科准教授、エンターテインメントジャーナリスト、フリーアナウンサー（元山口朝日放送アナウンサー）

◆『A-EN』（月組）での研一や研二の活躍を見て、最近の若手の層が薄いのは、ここ五年間、初舞台後に組回りをしているからではないか？と思いました。研一も出られる若手中心のバウや、研一から新人公演に出られることはとても大切なのです。研一組配属の復活を大歓迎します。

木谷富士子
きたに・ふじこ

大学非常勤講師

◆みっちゃん、トップお披露目おめでとうございます。なじみのない星組でちょっと心配でしたが、すっかり星組のトップさんで安心しました。しかし何かと話題が絶えない宝塚。月組のラインアップとか本当に何をしたいのか……という感じですね。

松田梨紗
まつだ・りさ

記者

◆昔から宝塚に何かとご縁があり、明日海りおの『ベルサイユのばら』のアンドレを見て一目惚れ。私のハートには矢がいっぱい刺さり、いまだに抜けません（笑）。これからも新しい矢で私を満たしてほしいです！

八本正幸
やもと・まさゆき

一九五八年生まれ。小説家。「失われた街――MY LOST TOWN」で第六回小説新潮新人賞を受賞。『新青年』研究会会員。著書に『ゴジラの時代』『怪獣進化論』『世界の果てのアニメ』、共著に『美輪明宏という生き方』（いずれも青弓社）

◆今年は電子書籍の出版に初チャレンジし、まず掌篇小説集『球面三角』をKindleで出版しました。少しずつコンテンツを増やしていきたいと思います。

岩本 拓
いわもと・たく

一九八九年生まれ。立命館大学大学院映像研究科修了。映像学修士

◆チケット難と戦いながら毎月宝塚を観にいける幸せをかみしめていますが、一方で最近は劇団のファンを無視した強引な人事がまた目立ってきているような気がします。

下瀬直子
しもせ・なおこ

宝塚歌劇団で「歌劇」の編集に携わり、現在はフリーライター。新聞・雑誌などに執筆。著書に『宝塚百年の恋』『深緑夏代』『宝塚ベルばらの時代』（いずれも彩流社）など宝塚関連の書籍が多数

◆百一周年というこれからを占う第一歩の大事な二〇一五年も早くもフィナーレを迎え、二〇一六年百二周年に無事バトンタッチとなる。期待と希望をもてる喜びとともに……。

大越アイコ
おおごし・あいこ

元近畿大学文芸学部教授。専攻は女性学、哲学。著書に『フェミニズム入門』（筑摩書房）、共編著に『戦後思想のポリティクス』『脱暴力へのマトリックス』『現代フェミニズムのエシックス』（いずれも青弓社）、『思想の身体 性の巻』（春秋社）、『ジェンダーとセクシュアリティ』（昭和堂）ほか

◆近年、宝塚歌劇団の観客は世代的多様化、性別の多様化、その他のボーダーレス化が著しい。各作品のメッセージを受け取る感受性も多様だ。自分はその一つにすぎないと省みながら、他者のそれらをも楽しみたいと思う。

東 園子
あずま・そのこ

一九七八年生まれ。研究員

◆台湾で、初めて宝塚を観た人も少なくないと思われる観客の反応にふれながら、宝塚ファンとして初心にかえるというか、改めて宝塚と出会い直したような気持ちになれました。

小咲福子
こさき・ふくこ

一九七一年生まれ。図書館員。筆名は大正から昭和初期に小林一三が使用していた「大菊福左衛門」から

◆八年間応援していた生徒さんが卒業するので、これを機に、適度な距離をとりながら宝塚と付き合っていきたいと思います。

加藤暁子
かとう・あきこ

十文字学園女子大学人間生活学部文芸文化学科准教授。共著に『宝塚歌劇団スタディーズ』（戎光祥出版）

◆星組『ガイズ&ドールズ』にはまりました。北翔海莉のファンだったことは自己認識していましたが、久しぶりに毎日通いたいと耳が要求する公演に出合いました。客席で喜びに浸りながら見回せば、周りも私もオペラグラスの使用回数が少ないような……!?

編著者略歴

薮下哲司

やぶした・てつじ

映画・演劇評論家、元スポーツニッポン新聞社特別委員、甲南女子大学非常勤講師。毎日文化センター宝塚講座担当。著書に『宝塚歌劇支局1』『宝塚歌劇支局2』『宝塚伝説2001』（いずれも青弓社）ほか。宝塚歌劇公演評（「毎日新聞」関西版夕刊）を連載中。ブログ「薮下哲司の宝塚歌劇支局プラス」（http://ameblo.jp/takarazukakagekishikyoku/）

鶴岡英理子

つるおか・えりこ

演劇ライター。著書に『宝塚のシルエット』（青弓社）、編著書に『宝塚ゼミ』シリーズ（青弓社）ほか。インタビュー記事なども多数

◆『宝塚イズム』が半年に一冊の刊行ペースにリニューアルされ、私自身も宝塚の半年間を見つめ直すようになった気がします。そのなかでこの半年間のスター分布図の動きには驚くばかりでした。その成果を注視していきたいです。

宝塚《たからづか》イズム32

巻頭スペシャル特集　柚希礼音インタビュー

発行　2015年12月1日　第1刷

定価　1600円＋税

編著者　薮下哲司／鶴岡英理子

発行者　矢野恵二

発行所　株式会社青弓社

〒101-0061 東京都千代田区三崎町3-3-4

電話 03-3265-8548(代)

http://www.seikyusha.co.jp

印刷所　三松堂

製本所　三松堂

ISBN978-4-7872-7384-0 C0374

薮下哲司／鶴岡英理子 編著

宝塚イズム31

特集1 さよなら柚希礼音&夢咲ねね

数々の伝説を残した星組トップ柚希礼音＆夢咲ねねに送別の辞を述べ、100周年を振り返ってポスト100年も占う。宙組トップ凰稀かなめに感謝を、そして現トップの朝夏まなとへの期待を語る。そのほか盛りだくさんの公演評、OG公演評には舞台写真を多数所収。　定価1600円＋税

薮下哲司／鶴岡英理子 編著

宝塚イズム30

特集 さよなら壮・愛加・蘭乃、祝！早霧・咲妃

すがすがしく去っていった雪組トップ壮一帆&愛加あゆらと、花組トップ娘役蘭乃はなに別れの言葉を贈る。そして、早霧せいな&咲妃みゆ率いる新生雪組への期待と展望までも網羅するたっぷり特集！　そのほか、多彩な公演評に、OG公演評は舞台写真を多数所収。　定価1200円＋税

薮下哲司／鶴岡英理子 編著

宝塚イズム29

特集 祝！明日海と『エリザベート』への期待

明日海りおが、花組主演男役に就任。それを祝い明日海の魅力を語りながら、大劇場お披露目公演『エリザベート』を軸に新生花組への期待と展望を語る！　さらに、OGロングインタビューには、元宙組男役・悠未ひろが登場！　そのほか公演評なども多数所収。　定価1200円＋税

薮下哲司／鶴岡英理子 編著

宝塚イズム28

特集 さよなら蘭寿とむ

花組の伝統を継承した魅惑的なダンスでファンをとりこにしたトップスター蘭寿とむが退団。特集では、その魅力を語りながら、これまでの功績に賛辞を贈る！　さらに、OGロングインタビューには、元花組男役CHIHARUが登場！　花組いっぱいの一冊。　定価1200円＋税

薮下哲司／鶴岡英理子 編著

宝塚イズム27

特集 幕開けは柚希・壮！　百周年、新たな伝説へ！

ついに宝塚が100周年を迎えた！　華々しく幕開けした宝塚の新たな伝説の始まりに、この歴史的瞬間を祝い、スターや歌劇団への今後の期待や展望を語る寿特集を構成。さらに小特集は「さよなら悠未ひろ」、OGロングインタビューには未来優希が登場する。　定価1200円＋税